Islam Kompakt

Die Glaubensgrundlagen und die *Ibadeh* (Gottesdienst)
nach der hanefitischen Rechtsschule

بسم الله الرحمن الرحيم

Islam Kompakt

Die Glaubensgrundlagen und die *Ibadeh* (Gottesdienst) nach der hanefitischen Rechtsschule

SEMERKAND

Islam Kompakt

Die Glaubensgrundlagen und die *Ibadeh* (Gottesdienst) nach der hanefitischen Rechtsschule

info@erolmedien.de

ISBN: 978-3-95707-007-4

Autor: Dr. Dilaver Selvi
Übersetzt aus dem Original
(Dinimi Öğreniyorum)
von Hamza Yılmaz

Lektorat und Satz: Erol Medien GmbH
Covergestaltung: Mustafa Hickiran

Erstauflage 2013

Druck:
Pasifik Ofset
İstanbul 2013

EROL MEDIEN

Erol Medien GmbH
Kölner Str. 256
51149 Köln

Tel: +49 (0) 2203/ 36 94 90
Fax: +49 (0) 2203/ 3 694 910

E-Mail: info@erolmedien.de
Web: www.erolmedien.de
www.semerkandonline.de

Inhalt

Der Glaube

Die *Ibadeh* (Gottesdienst)

Vorwort

Das vorliegende Büchlein ist ein Verkaufsschlager in der Türkei. Dort wurde es bereits zum 17. Mal aufgelegt. Sein Erfolg rührt daher, dass sein Autor es geschafft hat, die Grundlagen der Glaubenslehre der Ehlu Sunneh wel Dschema'ah und der fünf Säulen des Islam einfach und doch kompakt aus der Sicht der hanefitischen Rechtsschule darzustellen. Deshalb wurde es in der Türkei zu einem Standardwerk für jugendliche Muslime und Neueinsteiger in den Islam.

Zur Methodik dieses Buches:

Der erste Teil des Buches befasst sich mit den Glaubensgrundsätzen der Ehlu Sunneh wel Dschema'ah. Hier werden die Beschaffenheit des Wesens und der Eigenschaften des Erhabenen Allah und der Glaube an die Engel, die göttlichen Bücher und die Propheten kurz angesprochen.

Der Hauptteil dieses Buches befasst sich mit den Pflichten des Muslims. Hierbei wird wiederum den Themen Reinigung und Gebet der größte Platz eingeräumt, da jeder Muslim dazu verpflichtet ist, die Vorschriften der Reinigung und des Gebets aus dem Effeff zu erlernen.

Anschließend werden die Themengebiete Fasten, Pflichtabgabe (Zekah) und Pilgerfahrt behandelt. Dabei wird das Thema Fasten ausführlicher behandelt, die beiden anderen Themen nur kurz angeschnitten. Deren ausführliche Behandlung würde den Rahmen dieses Büchleins sprengen, daher verweisen wir auf die entsprechenden Fachbücher.

Im letzten Teil des Buches sind diejenigen Bittgebete und Quransuren aufgeführt, die zur Verrichtung des Gebets notwendig sind. Ergänzt haben wir diesen Abschnitt um das Tesbihat und einige berühmte Bittgebete, mit denen der Gesandte Allahs ﷺ den Erhabenen Allah um Seinen Beistand anrief.

Da in diesem Buch nur Dinge angesprochen werden, die von den hanefitischen Rechtsgelehrten allgemein anerkannt werden, haben wir auf die Angabe von Quellen verzichtet. Die prophetischen Aussagen und Quranverse wurden aber natürlich

mit den entsprechenden Quellenangaben versehen.

Viel Spaß beim lesen

Der Glaube

Der Glaube

Der Glaube (*Iman*) ist das Herzstück des Islam. *Iman* ist der feste Glaube an die Existenz einer Sache mit dem Herzen und die sichere Annahme des Herzens, dass eine Sache wahr ist. Der Ort des Glaubens ist also das Herz; wer im Herzen akzeptiert hat, dass eine Sache vorhanden und wirklich ist, der glaubt an diese Sache. Jeder Muslim muss an die Glaubensgrundsätze des Islam glauben. Diese sind im islamischen Glaubensbekenntnis (*Kelimetu Schehadeh*) zusammengefasst:

أشهد أن لا إله إلا الله و أَشْهَدُ أَنَّ مُحَمَّدًا عَبْدُهُ وَ رَسُولُهُ

„Ich bezeuge, dass es keine Gottheit außer Allah gibt und ich bezeuge, dass Muhammed Sein Diener und Gesandter ist."

Das Glaubensbekenntnis fasst also folgende Aussagen zusammen:

1. Allahﷻ ist einzigartig. Er allein ist es wert, angebetet zu werden. Er ist der Herr aller Welten und der Herr aller Geschöpfe.
2. Muhammedﷺ ist der Diener Allahsﷻ und Sein Gesandter.

Die Propheten sind Überbringer von Botschaften Allahsﷻ an die Menschen. Sie sind von Allah gesandt.

Unser Prophet Muhammedﷺ ist der letzte der Gesandten Allahsﷻ. Nach ihm kommt kein Prophet mehr. Er wurde an alle Menschen und Dschinnen entsandt, die zu seiner Zeit und nach seiner Zeit lebten, an alle, die heutzutage leben und an alle, die bis zum Jüngsten Tage geboren werden.

Wer an den Propheten Muhammedﷺ glaubt und seiner Botschaft folgt, der wird ins Paradies kommen.

Die Stufen des Glaubens

Der Gläubige (*Mu'min*) ist jemand, der an Allahﷻ und Seinen Propheten Muhammedﷺ glaubt und dies offen ausspricht (nach den meisten Gelehrten ist das Aussprechen nicht nötig, da der Glaube eine Herzensangelegenheit ist).

Der Leugner (*Kafir*) ist einer, der die Existenz Allahsﷻ oder die Gesandtschaft Muhammedsﷺ verleugnet, die wahre Religion offen ablehnt oder daran glaubt, dass es andere Gottheiten neben Allahﷻ gibt.

Der Heuchler (*Munafiq*) ist einer, der vorgibt, ein Gläubiger zu sein, mit seinem Herzen aber nicht an Allah ﷻ oder an die Gesandtschaft Muhammeds ﷺ glaubt.

Der Sünder *(Fasiq)* ist einer, der den Islam angenommen hat, aber seinen gottesdienstlichen Verpflichtungen nicht nachkommt und sich nicht von sündhaftem Verhalten fernhält.

Seit wann sind wir Muslime?

Wenn du gefragt wirst: *„Seit wann bist du ein Muslim?“*,

dann antwortest du: *„Ich bin Muslim seit dem Tag, an dem ich den Vertrag der Ergebung mit dem Erhabenen Allah dem Erhabenen geschlossen habe (Qalu Bela).“*

Wenn du gefragt wirst: *„ Was ist denn Vertrag der Ergebung?“*,

dann antwortest du: *„Der Vertrag der Ergebung ist das Abkommen zwischen den Seelen und Allah dem Erhabenen, der in der Vorewigkeit geschlossen wurde.“*

Allah ﷻ erschuf die Seelen, noch bevor Er die Körper erschuf. Danach rief Er alle Seelen zusammen und nahm sie Sich zu Zeugen.

Dabei fragte Er sie:
„Bin Ich etwa nicht euer Herr?“
Und sie antworteten:
„Doch Du bist unser Herr; wir bezeugen dies.“[1]

1 El-E’raf, Vers 172.

Zusätzlich nahm Sich Allah ﷻ auch die Engel als Zeugen für dieses Abkommen zwischen Ihm und den Seelen der Menschen. Dies ist das erste Abkommen, das zwischen Allah ﷻ und Seinen Dienern geschlossen wurde.[2]

Auch wenn wir uns an dieses Abkommen vielleicht nicht mehr erinnern können, so teilt uns doch Allah ﷻ im Edlen Quran mit, dass Er sehr wohl Kenntnis von diesem Abkommen hat.

Der Islam

Der Islam besteht aus göttlichen Gesetzen, die dem Menschen dabei helfen, den Weg Allahs ﷻ erkennen zu können und diesen dann so zu beschreiten, wie Allah der Erhabene es von ihm verlangt.

Der Islam ist die Erziehungsmethode Allahs des Erhabenen: Mit ihm erzieht Er den Menschen und lehrt ihn, wie er ein glückliches und zufriedenes Leben führen kann. Er erschuf den Menschen so, dass er die Vorgaben Seiner Religion vollkommen erfüllen kann. Deshalb helfen ihm sein Herz, seine Seele, sein Verstand, sein Gewissen und sein ganzer Körper dabei, Allah zu erkennen, nach Seinen Vorgaben zu leben und Ihm so zu danken, wie es Ihm gebührt. Allah ﷻ hat es dem Menschen leicht gemacht, nach Seiner Religion zu leben und hat ihm Seine Religion in ihrer einfachsten Form vorgeschrieben.

---

2 Vgl.: Er-Razi: Tefsirul Kebir: Sure El-E'raf, Vers 172.
Erklärung: Der erste Vertrag ist also der Urvertrag, den die Seelen mit Allah in der Vorewigkeit geschlossen haben, und der zweite Vertrag ist die Bestätigung dieses Urvertrages durch die Seelen, indem sie den Islam während ihres irdischen Lebens annehmen.

Der Prophet Muhammedﷺ sagte:

كُلُّ مَوْلُودٍ يُولَدُ عَلَى الفِطْرَةِ، فَأَبَوَاهُ يُهَوِّدَانِهِ، أَوْ يُنَصِّرَانِهِ، أَوْ يُمَجِّسَانِهِ، كَمَثَلِ البَهِيمَةِ تُنْتَجُ البَهِيمَةَ هَلْ تَرَى فِيهَا جَدْعَاءَ

„Jedes Kind wird mit der Veranlagung geboren [an seinen Schöpfer zu glauben und Ihm zu folgen]. Die Eltern jedoch, erziehen das Kind zum Juden, Christen oder Feueranbeter [daher kommt es vom wahren Weg ab]. Dies ist genauso wie bei dem (Mutter-)Tier, das sein Junges (gesund) zur Welt bringt. Oder siehst du etwa daran (also an dem Jungen) irgendeine Verstümmelung (wenn es auf die Welt kommt)?“[3]

Allahﷻ teilt uns in einem *Hadith Qudsi* [4] mit, auf welche Weise die Abkehr des Menschen vom Glauben vonstatten geht:

...إِنِّي خَلَقْتُ عِبَادِي حُنَفَاءَ كُلَّهُمْ وَإِنَّهُمْ أَتَتْهُمُ الشَّيَاطِينُ فَاجْتَالَتْهُمْ عَنْ دِينِهِمْ وَحَرَّمَتْ عَلَيْهِمْ مَا أَحْلَلْتُ لَهُمْ وَأَمَرَتْهُمْ أَنْ يُشْرِكُوا بِي مَا لَمْ أُنْزِلْ بِهِ سُلْطَانًا

---

3 Bukhari: Dschena'iz, 92 (1385); Vgl. auch: Muslim: Qader, 22-25 (2658). Erklärung: Erst durch den Eingriff des Besitzers werden an dem Jungtier Verstümmelungen, wie das Kürzen der Ohren oder Veränderungen wie das Brandmarken, vorgenommen. Erst durch diese menschlichen Eingriffe wird der ursprüngliche natürliche Zustand des Tieres verändert. Genauso verhält es sich auch mit den Eltern und ihrem Kind.

4 „Hadith Qudsi“ bedeutet wörtlich „Heiliger Hadith“. Damit werden prophetische Überlieferungen bezeichnet, in denen der Gesandteﷺ von Allahﷻ in der „Ich-Form“ berichtet, wie in unserem Fall: *„Gewiss habe Ich alle Meine Diener als „Hunefa‘“ erschaffen...“*

„…Wahrlich habe Ich alle Meine Diener als „Hunefa‘“[5] erschaffen, und wahrlich sind zu ihnen die Teufel gekommen und haben sie von ihrer (wahren) Religion abgebracht. Sie haben ihnen das verboten, was Ich ihnen erlaubt habe und sie haben ihnen befohlen, Mir Dinge [Götzen] beizugesellen, für (deren Beigesellung) Ich keine Ermächtigung herabgesandt habe.“[6]

Was ist Iman?

Unser Prophet Muhammed ﷺ beantwortete die Frage: *„Was ist Iman?“* folgendermaßen:

أَنْ تُؤْمِنَ بِاللّٰهِ وَ مَلاَئِكَتِهِ وَ كُتُبِهِ وَرُسُلِهِ وَ الْيَوْمِ الآخِرِ وَ تُؤْمِنَ بِالْقَدَرِ خَيْرِهِ وَشَرِّهِ

„(Iman bedeutet,) dass du an Allah, Seine Engel, Seine Bücher, Seine Gesandten und an den Jüngsten Tag glaubst und dass du an die Vorherbestimmung glaubst; an ihr Gutes und an ihr Schlechtes [also dass sowohl die guten als auch die schlechten Dinge von Allah dem Erhabenen vorherbestimmt wurden].“[7]

Aus dieser Überlieferung lässt sich entnehmen, dass es sechs Glaubensgrundsätze gibt:

Der Glaube an:

1. Allah ﷻ,
2. Seine Engel,

5 *Hunefa‘* ist der Plural von *Hanif* und bezeichnet eine Person, die sich von allen falschen Religionen und Glaubensmodellen abwendet und einzig und allein Allah, den einzig wahren Gott, anbetet und sich einzig und allein Seiner Religion zuwendet.

6 Muslim: Dschenneh, 63 (2865).

7 Muslim: Iman, 1. Vgl. auch: Bukhari: Iman, 38.

1. die göttlichen Bücher,
2. die Propheten,
3. den Jüngsten Tag (also die Auferstehung nach dem Tod),
4. die göttliche Fügung und Vorherbestimmung (d.h. dass alle Dinge, die passieren, von Allahﷻ genauso vorhergesehen und vorherbestimmt wurden, wie sie passieren).

Diese sechs Glaubensgrundsätze sollen im Folgenden kurz erläutert werden:

Der Glaube an Allahﷻ

Allahﷻ ist der Eigenname des Schöpfers aller Geschöpfe und des Herrn aller Welten. Er hat die Menschen und das Universum aus dem Nichts erschaffen. Durch Ihn erhalten die Menschen ihr Leben und Er versorgt sie mit allem Lebensnotwendigen. Er ist der Lenker der Schöpfung und Derjenige, Der die Geschöpfe sterben und wiederauferstehen lässt.

Wir glauben an Allahsﷻ Existenz und Seine Einzigartigkeit in der Weise, wie Er sie uns gelehrt hat. Allein mit unserem Verstand und unserem Wissen können wir Sein wahres Wesen nicht erkennen. Erst mithilfe des Wissens, des Lichts, der Liebe und des Segens, die Er in unsere Herzen gelegt hat, können wir Ihn erkennen. Die Gotteserkenntnis – also Allahﷻ mit Seinen vollkommenen Eigenschaften zu erkennen – und das Streben nach einem gottgefälligen Leben wird *Hidayeh* (Rechtleitung) genannt. *Hidayeh* ist eine besondere Gunst, die Allahﷻ nur dem gewährt, den Er dafür ausersehen hat.

Unsere Phantasie reicht bei weitem nicht dafür aus, um uns das Wesen Allahs des Erhabenen vorstellen zu können. Das Wesen Allahsﷻ kann nicht einfach mit dem Wesen eines Seiner

Geschöpfe verglichen werden. Ganz egal, welche Vorstellungen wir uns von Allah dem Erhabenen auch machen mögen oder welche Bilder unserer Phantasie auch entspringen mögen, nichts davon entspricht der Realität. Allahﷻ ist fern von allen Gedankenspielen und Phantasiegebilden. Er ist ganz anders und unvergleichlich!

Um die Existenz und die Wirklichkeit Allahsﷻ begreifen zu können, müssen wir uns mit Seinen Eigenschaften beschäftigen. Nur auf diesem Wege können wir ein bestmögliches Verständnis von Seinem Dasein und Seinem Wesen bekommen und so unseren Glauben stärken. Die Aussagen der Propheten und der heiligen Bücher lehren uns, welche Eigenschaften Allah der Erhabene hat und wie diese Eigenschaften beschaffen sind.

Die Eigenschaften Allahsﷻ

Die wesenseigenen Eigenschaften *(Sifatu Dhatiyyeh)*[8] Allahsﷻ:

Allahﷻ hat sechs *Sifatu Dhatiyyeh.* Diese beziehen sich alle auf das Wesen Allahsﷻ, und nur Er besitzt diese Eigenschaften. Diese sechs Eigenschaften sind die folgenden:

1. Die Existenz *(Wudschud)*: *Wudschud* ist die Eigenschaft des Vorhandenseins von Allah. Allahﷻ existiert von Sich aus und wurde von niemandem erschaffen. Seine Existenz ist –

8 „Dhat" bedeutet „Wesen". Die *Sifatu Dhatiyyeh* sind also diejenigen Eigenschaften Allahsﷻ, die direkt mit Seinem Wesen zusammenhängen. Das Gegenstück zu den *Sifatu Dhatiyyeh* bilden die *Sifatul Filiyyeh* (die handlungseigenen Eigenschaften). Diese Eigenschaften sind nicht direkt mit dem Wesen Allahsﷻ verbunden, sondern sie beschreiben Sein „Handeln" und Sein „Vorgehen", wie das Belohnen und das Bestrafen durch Ihn.

im Gegensatz zu Seiner Schöpfung – nicht an eine Ursache gebunden, aber Er ist die Ursache aller anderen Dinge und Lebewesen: Diese wurden alle von Ihm erschaffen und sind alle von Ihm abhängig.

Er existiert unabhängig von allen Dingen: Er ist auf nichts angewiesen und von niemandem abhängig. Sein Wesen ist allgegenwärtig und ewig fortbestehend. Der Anfang aller Dinge ist in Ihm und alles endet mit Seinem Richtspruch. Außer Ihm gibt es kein anderes Wesen, das von sich aus existiert.

2. Die Anfangslosigkeit *(Qidem)*: Die Existenz Allahsﷻ hat keinen Ursprung und keinen Anfang. Er wurde nicht erschaffen. Sein Dasein ist immerwährend und es gibt keinen Zeitpunkt, zu dem Allahﷻ nicht vorhanden ist.

3. Die Unendlichkeit *(Beqa')*: Der Allah der Erhabene existiert bis in alle Ewigkeit fort. Seine Existenz ist unendlich. Genauso wie Seine Existenz keinen Anfang hat, genauso hat sie auch kein Ende: Allahﷻ existiert also schon immer und Er wird bis in alle Ewigkeit weiterexistieren.

4. Die Andersartigkeit *(Mukhalefetun lil Hawadith)*: Allah der Erhabene ist anders als alle erschaffenen Dinge. Er gleicht keiner

Sache und keinem Lebewesen. Nichts ähnelt Ihm und nichts ist Ihm ebenbürtig.

5. Die Selbstbeständigkeit *(Qiyam bi Nefsihi)*: Die Existenz Allahsﷻ ist an nichts gebunden; ganz im Gegenteil existiert Allahﷻ einzig und allein aus Sich Selbst heraus. Alle Geschöpfe sind in ihrer Existenz und ihrem Fortbestand vollkommen auf

Ihn angewiesen, Seine Existenz und Sein Fortbestand sind aber auf nichts und niemanden angewiesen.

6. Die Einzigartigkeit *(Wahdeniyyeh)*: *Wahdeniyyeh* ist die Einheit Allahs ﷻ in Seinem Wesen, Seinen Eigenschaften und Seinem Wirken. Er hat keine Partner, keine Teilhaber und keine Helfer. Er ist absolut einzigartig.

Die beständigen und immerwährenden Eigenschaften *(Sifatu-Thubutiyyeh)* Allahs ﷻ:

Allah ﷻ hat acht *Sifatu-Thubutiyyeh*[9]. Diese besitzt Er fortwährend und in ihrer vollkommenen Form. Diese acht Eigenschaften sind die folgenden:

1. Die Lebendigkeit *(Hayah)*: Allah ﷻ ist lebendig und besitzt immerwährendes Leben. Seine Lebendigkeit hat keinen Ursprung und dauert bis in alle Ewigkeit fort. Er ist der Herr über das Leben aller Lebewesen, denn alles Leben entsteht nur durch Ihn und wird nur durch Ihn wieder genommen. Durch Seinen Willen werden die Geschöpfe ins Leben gerufen und durch Seine Gnade und Seine Macht besteht ihr Leben fort. Seine Macht über Leben und Tod ist grenzenlos.

2. Das Wissen *(Ilm)*: Allah ﷻ weiß alles und besitzt ewiges Wissen. Er weiß von allen Dingen, die innerhalb und außerhalb des Universums geschehen; nichts geschieht ohne Sein Wissen. Er weiß was passieren wird und weiß von allen

9 „*Thubut*" bedeutet „bestehen, feststehen". Hierbei handelt es sich um Eigenschaften, die Allah ﷻ immerwährend besitzt. Das Gegenstück dazu sind die „*Sifatu Selbiyyeh*". Dies sind Eigenschaften, die Allah ﷻ auf keinen Fall zugeordnet werden können und dürfen, wie Leblosigkeit, Unwissenheit, Machtlosigkeit, Blindheit oder Taubheit.

Dingen, Handlungen, Worten und Gedanken im Offenen und im Verborgenen. Sein Wissen ist grenzenlos.

3. Der Wille *(Iradeh)*: Alles was innerhalb und außerhalb des Universums geschieht und geschehen wird, erfolgt in vollkommener Übereinstimmung mit dem Willen Allahs. Gegen Seinen Willen kann nichts geschehen, entstehen oder wieder vergehen. Wenn Er will, dass etwas geschieht, so geschieht dies entweder augenblicklich oder zu dem Zeitpunkt, für den Er es vorgesehen hat. Wenn Er nicht will, dass etwas geschieht, so geschieht es auch nicht, und nichts und niemand kann daran etwas ändern. Nichts geschieht gegen Seinen Willen.

4. Die Allmacht *(Qudreh)*: Allah ist allmächtig. Es gibt nichts, wozu Er nicht imstande wäre. Die Macht der Geschöpfe ist hingegen begrenzt. Sie besitzen nur so viel Macht, wie ihnen Allah zugesteht. Seine Macht ist grenzenlos.

5. Das Hören *(Sami')*: Allah hört jedes Geräusch, egal, wie laut oder leise dieses auch sein mag. Sein Hören ist nicht beschränkt und unvollkommen wie das Hören Seiner Geschöpfe. Allah hört alles, ohne dazu ein Hilfsmittel (wie ein Gehör oder Ähnliches) zu benötigen. Nichts bleibt Ihm verborgen.

6. Das Sehen *(Basar)*: Allah sieht alle Dinge, die passieren, egal ob diese im Offenen oder im Verborgenen ablaufen, egal ob diese klein oder groß sind und egal ob sich diese im Licht oder in der Dunkelheit abspielen. Sein Sehen ist in keiner Weise mit dem Sehen des Menschen vergleichbar. Das Sehen des Menschen ist eingeschränkt, von Hilfsmitteln (den Augen, den Lichtverhältnissen, dem Abstand zum Objekt etc.) abhängig und vergänglich. Allah ist hingegen in Seinem Sehen weder beschränkt noch abhängig von irgendwelchen Hilfsmitteln. Sein Sehen ist nicht nachträglich erworben, sondern – genauso wie Sein Wesen – ewig und unvergänglich. Sein Sehen ist allumfassend.

7. Die Sprache *(Kelam)*: Die Eigenschaft *Kelam* hat – genau wie das Wesen Allahsﷻ – keinen Anfang und kein Ende. Allahs Sprechen ist nicht auf Hilfsmittel, wie Zunge und Stimmbänder oder auf Klang, Sprache oder Schriftzeichen angewiesen. Mit der Eigenschaft *Kelam* sprach Allahﷻ zu Seinen Propheten, erteilte ihnen Seine Anordnungen, offenbarte ihnen den Inhalt der göttlichen Bücher und Schriften und verkündete ihnen Seine Religion. Sein Sprechen ist allumfassend.

8. Die Schöpfungskraft *(Teqwin)*: *Teqwin* ist die Eigenschaft Allahsﷻ, Dinge aus dem Nichts entstehen zu lassen. Allahﷻ lässt entstehen was Er will, wie Er will, wo Er will und wann Er will. Er besitzt die Fähigkeit, Dinge aus dem Nichts oder aus bereits zuvor erschaffenen Dingen (also aus der Materie) entstehen und Bestehendes wieder verschwinden zu lassen. Die Schöpfung des Universums und der Menschen aus dem Nichts, ihre Versorgung, ihr Sterben und schließlich ihr Übergang in eine andere Welt gehören alle zu dieser Eigenschaft Allahs des Erhabenen. Allahﷻ ist der Schöpfer aller Dinge.

Der Glaube an die Engel

Die Engel wurden aus Licht erschaffen und sind mit dem menschlichen Auge (normalerweise) nicht wahrnehmbar. Sie sind Allah ﷻ stets gehorsam. Sie verstoßen gegen keines Seiner Gebote und sind folglich gar nicht dazu in der Lage, Sünden zu begehen. Sie sind damit beschäftigt, Allahs des Erhabenen zu gedenken, Ihm zu danken und die ihnen übertragenen Aufgaben – in den Himmeln und auf der Erde – wahrzunehmen. Sie können die Gestalt von Menschen und anderen Wesen annehmen, verlieren dabei aber nie ihre engelhaften Eigenschaften. Sie sind mit außergewöhnlichen Kräften und Fähigkeiten ausgestattet, besitzen keine menschlichen Triebe, wie Gier oder Zorn, essen und trinken nicht, besitzen kein Geschlecht, gebären nicht und werden nicht geboren.

Die vier großen Engel sind:

1. Dschibril (Gabriel) ist derjenige Engel, der mit der Überbringung der göttlichen Offenbarungen beauftragt war[10]. Dschibril wird auch als „*Ruhul Emin*" oder „*Ruhul Quds*" bezeichnet, was so viel bedeutet wie „getreuer Geist" oder „heiliger Geist". Er nimmt den höchsten Rang unter den Engeln ein und wird wegen seiner Nähe zu Allah ﷻ auch „*Seyyidul Mela'ikeh*" („Herr der Engel") genannt.

2. Mika'il (Michael) lenkt die Naturereignisse. Zu seinen Aufgaben gehört auch die Versorgung der Lebewesen.

3. Israfil ist damit beauftragt, am Jüngsten Tage zweimal in das Horn *(Sur)* zu stoßen. Mit dem ersten Stoß bricht der Jüngste

10 Die Überbringung der göttlichen Offenbarungen (*Wahyi*) endete mit dem Ableben des Gesandten Muhammed ﷺ.

Tag an. Mit dem zweiten Stoß werden die Geschöpfe wieder zum Leben erweckt werden.

4. **Azra'il** hat die Aufgabe, die Seelen der Lebewesen am Ende ihres Lebens zu ergreifen. Daher wird er auch „Melekul Mewt" („Todesengel") genannt.

Die Schutzengel *(Hafedhah)* sind damit beauftragt, die Menschen zu beschützen.

Die Ehrwürdigen Schreiberengel *(Kiramen Katibin)* sind damit beauftragt, die guten und schlechten Taten der Menschen aufzuschreiben.

Die Grabengel *(Munker und Nekir)* sind damit beauftragt, die Menschen im Grabe zu befragen.

Darüber hinaus gibt es im Himmel und auf Erden, im Diesseits und im Jenseits viele verschiedene Arten von Engeln, die ihrem Auftrag, den sie von Allah dem Erhabenen erhalten haben, pflichtbewusst nachkommen. Ihre Zahl kennt allein der Allah der Erhabene.

Der Glaube an die Engel gehört zu den essenziellen Glaubensgrundsätzen des Islam und ist die Pflicht eines jeden Muslims. Wer sie verleugnet oder schmäht, macht sich der Gotteslästerung (Blasphemie) schuldig. Dasselbe gilt für die Unterstellung, dass Engel dazu in der Lage seien, Allahﷻ ungehorsam zu sein und vom Glauben abzufallen oder dass sie Töchter oder Söhne Allahsﷻ seien. All dies führt zur Verleugnung (*Kufr*).

Der Glaube an die göttlichen Bücher

Allah der Erhabene sandte Seinen Propheten Offenbarungsschriften, damit diese den Menschen Seine Gebote verkünden und ihnen den rechten Weg weisen. Einige Propheten bekamen eine bestimmte Anzahl von Schriftblättern gesandt, andere ganze Bücher.

Jeder Muslim ist dazu verpflichtet, an diese Offenbarungsschriften zu glauben und nach den Geboten des letzten göttlichen Buches, des Edlen Quran, zu handeln.

Die im Edlen Quran erwähnten heiligen Bücher sind:

- Der Psalter (*Zebur*), der an den Propheten David عليه السلام gesandt wurde.
- Die Thora (*Tewrah*), die an den Propheten Moses عليه السلام gesandt wurde.
- Das Evangelium (*Indschil*), das an den Propheten Jesus عليه السلام gesandt wurde.
- Der Edle Quran, der an den Propheten Muhammed ﷺ gesandt wurde.

Die im Edlen Quran erwähnten Schriftblätter wurden an:

- den Propheten Adam (10 Schriftblätter)
- den Propheten Schith (50 Schriftblätter)
- den Propheten Idris (30 Schriftblätter)
- den Propheten Abraham (10 Schriftblätter) gesandt.

Der Edle Quran wurde an die gesamte Menschheit gesandt. Er ist das Buch der göttlichen Führung und seine unverfälschte göttliche Botschaft wird bis zum Tag des Jüngsten Gerichts seine Gültigkeit bewahren und Bestand haben. Der Edle Quran kann weder verändert werden, noch wird er jemals durch ein anderes Buch ergänzt oder ersetzt werden. Er bestätigt die ursprüngliche Botschaft der ihm vorangegangenen heiligen Bücher und Schriftblätter, die im Laufe der Zeit von den Menschen verfälscht wurden. Durch ihn wird gewährleistet, dass Allahs ﷻ Gebote der Menschheit unverändert erhalten bleiben.

Der Glaube an die geoffenbarten Bücher und Schriftblätter gehört ebenfalls zu den essenziellen Glaubensgrundsätzen des Islam. Jeder Muslim ist dazu verpflichtet, daran zu glauben, dass die heiligen Bücher und Schriftblätter von Allah dem Erhabenen zu den Menschen herabgesandt wurden und daher göttliche Offenbarungen sind.

Es ist die Pflicht eines jeden Muslims, mindestens so viele Quranverse auswendig zu lernen, wie zur ordnungsgemäßen Verrichtung des Gebets (*Salah*) vonnöten sind.

Unser Prophet Muhammed ﷺ hinterließ uns die folgenden frohen Botschaften:

إذا أَحَبَّ أَحَدُكُمْ أَنْ يُحَدِّثَ رَبَّهُ فَلْيَقْرَأْ القُرآن

„Wenn jemand von euch mit seinem Herrn (Allah) sprechen möchte, so soll er den Quran lesen.“[11]

مَنْ قَرَأَ الْقُرْآنَ فَلَهُ بِكُلِّ حَرْفِ آيَةٍ عَشْرُ حَسَنَاتٍ

„Wer den Quran rezitiert, bekommt für jeden Buchstaben des (rezitierten) Verses (den Lohn) für zehn gute Taten (gutgeschrieben).“[12]

11 Ali el-Mutteki: Kensul Ummal: Tilawetul Quran we Fadailuhu, 2254.
12 Taberani: Mudschemul Kebir, 8568.

خَيْرُكُمْ مَنْ تَعَلَّمَ الْقُرْآنَ وَعَلَّمَهُ

„Der Beste unter euch ist derjenige, der den Quran erlernt und lehrt.“[13]

Der Glaube an die Propheten

Propheten sind Personen, die von Allah dem Erhabenen dazu auserwählt wurden, den Menschen Seine Gebote zu überbringen und sie im Glauben zu unterweisen.

Im Edlen Quran werden die Propheten Allahs ﷻ entweder als „Rasul“ (Gesandter) oder als „Nebi“ (Verkünder) bezeichnet.

Der Unterschied zwischen einem *Rasul* und einem *Nebi* ist der Folgende:

Ein *Rasul* ist ein Prophet, der entweder eine eigene Offenbarungsschrift erhalten hat oder neue göttliche Gesetze verkündete, durch die die schon vorhandenen göttlichen Gesetze ergänzt oder ersetzt wurden.

Ein *Nebi* ist ein Prophet, der keine neuen göttlichen Gesetze verkündete. Er bekräftigte und verbreitete lediglich die Botschaft des gültigen göttlichen Regelwerks weiter und richtete sich nach ihr.

Demnach ist jeder *Rasul* gleichzeitig auch ein *Nebi*, aber nicht jeder *Nebi* ein *Rasul*.

Das Prophetentum ist ein Geschenk Allahs ﷻ. Die Propheten wurden von Allah ﷻ dazu berufen, Prophet zu sein; die Aufgabe

13 Bukhari: Fedailul Quran, 21 (5027).

des Propheten konnte man also nicht erlernen oder sich erarbeiten.

Der erste der edlen Propheten war Adam ﷺ, der Vater aller Menschen, und der letzte der edlen Propheten war Muhammed ﷺ, das Siegel der Propheten. Während alle anderen Propheten die göttliche Botschaft nur einer bestimmten Volksgruppe verkündeten, wurde Muhammed ﷺ an die gesamte Menschheit entsandt. Er ist der Prophet aller Menschen, die bis zum Jüngsten Tag geboren werden.

Nach dem Propheten Muhammed ﷺ werden keine weiteren Propheten mehr kommen; weder ein *Rasul* noch ein *Nebi*. Im Edlen Quran heißt es dazu:

مَا كَانَ مُحَمَّدٌ أَبَا أَحَدٍ مِنْ رِجَالِكُمْ وَلَكِنْ رَسُولَ اللّٰهِ وَخَاتَمَ النَّبِيِّينَ

„Und Muhammed ist nicht der Vater eines eurer Männer, sondern Allahs Gesandter und das Siegel der Propheten.“[14]

Was genau mit dem „Siegel der Propheten“ gemeint ist, sagen uns zahlreiche authentische prophetische Überlieferungen, wie die folgende:

وَإِنَّهُ لاَ نَبِيَّ بَعْدِى

„Und gewiss wird es keinen Nebi (Propheten) nach mir geben.“[15]

Leider gibt es, trotz des Vorhandenseins mehrerer eindeutiger authentischer Überlieferungen - wie der oben aufgeführten - uneinsichtige Personen, die behaupten, dass auch nach dem

14 33. Sure: El-Ehsab, Vers 40.
15 Muslim: El Imareh, 10 (1842).

Propheten Muhammadﷺ noch weitere Propheten aufgetreten sind bzw. auftreten können. In dem oben aufgeführten *Hadith* wurde das Kommen eines weiteren Propheten aber eindeutig ausgeschlossen. Die Behauptung, dass das Kommen weiterer *Rasul* zwar ausgeschlossen, aber die Entsendung weiterer *Nebi* noch möglich sei, widerspricht damit eindeutigen und authentischen islamischen Quellen zu diesem Thema.

Diese uneinsichtigen Personen haben nicht verstanden, dass jeder *Rasul* gleichzeitig auch ein *Nebi* ist und dass das Urteil, dass kein *Nebi* mehr kommen wird, zugleich auch das Urteil beinhaltet, dass kein *Rasul* mehr kommen wird und somit nach dem Propheten Muhammedﷺ kein weiterer Prophet mehr kommt.

Der Glaube an ein Kommen weiterer Propheten nach Muhammedﷺ, egal ob *Nebi* oder *Rasul*, führt unweigerlich zum *Kufr* und damit zum Austritt aus dem Islam!

Jeder, der an Allahﷻ und den letzten Propheten Muhammedﷺ glaubt, ist ein *Mu'min* (Gläubiger), und jeder, der verleugnet, dass Muhammedﷺ der letzte der Propheten ist, ist ein *Kafir* (Leugner; jemand, der die Wahrheit bedeckt).

Allahﷻ allein kennt die genaue Anzahl Seiner Propheten. Im Edlen Quran werden die folgenden 25 Propheten namentlich erwähnt:

Adem (Adam), Idris, Nuh (Noah), Hud, Salih, Ibrahim (Abraham), Lut (Lot), Isma'il (Ismael), Ishaq (Isaak), Yaqub (Jakob), Yusuf (Josef), Eyyub (Hiob), Schu'ayb (Jitro), Musa (Moses), Harun (Aaron), Dawud (David), Suleyman (Salomo), Ilyas (Elias), Elyasa (Elischa), Dhul Kifl, Yunus (Jonas),

Zekeriyya (Zacharias), Yahya (Johannes), Isa (Jesus) und unser Prophet Muhammedﷺ.

Als Muslime glauben wir an alle Propheten Allahsﷻ und lieben und ehren jeden einzelnen von ihnen.

Der Prophet Jesus عليه السلام wird vor dem Jüngsten Tag auf die Erde zurückkehren. Er wird die Menschen dazu auffordern, den Islam, die letzte und alleingültige Religion Gottes, anzunehmen und nach der Botschaft des Edlen Quran und des letzten aller Propheten, Muhammedﷺ, zu leben.

Jeder der Propheten war im Besitz der folgenden besonderen Eigenschaften:

1. **Sidq:** Alle Propheten waren aufrichtig und rechtschaffen.
2. **Emaneh:** Alle Propheten waren in höchstem Maße vertrauenswürdig.
3. **Tebligh:** Alle Propheten teilten den Menschen die Gebote Allahsﷻ vollständig und unverfälscht mit.
4. **Fetaneh:** Alle Propheten waren in höchstem Maße intelligent.
5. **Ismeh:** Alle Propheten waren davor geschützt, zu sündigen.
6. **Männlichkeit:** Alle Propheten waren Männer. Es wurden keine weiblichen Propheten entsandt.

Darüber hinaus gehörte es zu den besonderen Fähigkeiten der Propheten Allahsﷻ, dass sie imstande waren, Wunder (*Mu'dschizeh*) zu vollbringen.

Prophetische Wunder sind außergewöhnliche, übernatürliche Ereignisse, die Allah der Erhabene auf Wunsch Seiner Gesandten als Bestätigung ihrer Glaubwürdigkeit und ihres Prophetentums geschehen lässt. Zu diesen Wundern zählen das Auferwecken von Toten, das Reden mit Tieren, das Hervorsprudelnlassen von Wasser zwischen den Fingern oder der Erhalt von göttlichen Offenbarungen ohne die Vermittlung anderer (wie dem Offenbarungsengel Dschibril) durch das direkte und unmittelbare Gespräch mit Allahﷻ.

Unser Prophet Muhammedﷺ zeigte viele Wunder. Das größte seiner Wunder ist aber zweifellos der Edle Quran. Durch den Empfang der göttlichen Offenbarungen wurde er – ohne überhaupt lesen und schreiben zu können – zum größten aller Gelehrten. Er verkündete den Menschen die göttliche Offenbarung und übermittelte ihnen göttliches Wissen. Er lehrte sie umfassendes Wissen über Dinge und Geschehnisse, die sie bis dahin nicht kannten, angefangen bei der Lebensgeschichte des ersten Menschen Adam عليه السلام bis hin zu den Geschehnissen am Jüngsten Tag.

Es ist die Pflicht eines jeden Muslims, der im Vollbesitz seiner geistigen Kräfte ist, an die Gesamtheit aller Propheten zu glauben und der Botschaft des letzten der Gesandten Allahsﷻ, Muhammedﷺ, Folge zu leisten.

Der Glaube an das Jüngste Gericht

Das irdische Leben geht mit dem Tod zu Ende. Danach beginnt das Leben im Grab. Dieses ist eine Vorstufe des jenseitigen Lebens und dauert bis zum Jüngsten Tag an. Dieser Zeitabschnitt zwischen Tod und Auferstehung wird auch als „Bersakh" (Zwischenzeit) bezeichnet. Das tatsächliche Leben im Jenseits wird aber erst mit dem Anbruch des Jüngsten Tages beginnen und danach ewig fortdauern. Das Jenseits ist, wie das Diesseits, eine Welt, die Allah ﷻ erschaffen und geordnet hat. Darin hat Er für uns ein anderes Leben vorbereitet.

Es gibt Engel, die damit beauftragt wurden, die Verstorbenen direkt nach ihrem Tod im Grab zu befragen. Diese Grabengel erscheinen dem Verstorbenen in einer ihm gänzlich unbekannten Form und fragen ihn: *„Wer ist dein Herr?"*

Der Verstorbene antwortet: *„Mein Herr ist Allah!"*
Danach fragen sie ihn: *„Wer ist dein Prophet?*
Und der Verstorbene antwortet: *„Mein Prophet ist Muhammed!"*
Danach fragen sie ihn: *„Welcher Religion gehörst du an?"*
Und der Verstorbene antwortet: *„Meine Religion ist der Islam!"*[16]

Daraufhin wird sich sein Grab weiten und es wird sich darin ein Fenster zum Paradies öffnen. So bekommt er schon während seines Aufenthalts im Grab einen Vorgeschmack auf die Freuden des Paradieses und des ewigen Lebens.

Wenn hingegen ein Leugner (*Kafir*) verstirbt, dann wird er nicht dazu in der Lage sein, die Fragen der Engel richtig zu beantworten. Sein Grab wird ihm eng werden und es wird sich darin ein Fenster zur Hölle öffnen. So wird ihm sein Grab zu einem Ort der Qualen und der Verzweiflung.

---

16 Vgl. Hakim: Mustedrek, 107.

Mit dem Eintritt des Jüngsten Tages enden das Diesseits und die Zwischenwelt (*Bersakh*). Der Engel Israfil عليه السلام leitet den Anbruch des Jüngsten Tages ein, indem er zweimal in das Horn (*Sur*) stößt. Beim ersten Stoß versterben alle Lebewesen. Beim zweiten Stoß werden alle Geschöpfe wieder zum Leben erweckt und begeben sich an den Versammlungsort in die Gegenwart Allahsﷻ. Dort wird die Waage (*Mizan*), auf der die guten und die schlechten Taten der Menschen gegeneinander aufgewogen werden, aufgestellt und jeder einzelne Mensch muss vor Allah dem Erhabenen Rechenschaft ablegen und wird von Ihm gerichtet. Nachdem alle Menschen abgeurteilt wurden, werden jene Menschen, die an Allahﷻ glaubten, Ihm treu dienten und gute Taten verrichteten, durch Seine Gnade und durch die Fürsprache der Propheten und aufrichtigen Diener Allahsﷻ in das Paradies eintreten dürfen.

Diejenigen hingegen, die die Existenz Allahsﷻ leugneten oder Ihm andere Gottheiten beigesellten, werden für immer in die Hölle kommen.

Im Edlen Quran ermahnt Allahﷻ alle Seine Diener:

وَمَن يَكْفُرْ بِاللَّهِ وَمَلَائِكَتِهِ وَكُتُبِهِ وَرُسُلِهِ وَالْيَوْمِ الْآخِرِ فَقَدْ ضَلَّ ضَلَالًا بَعِيدًا

„Wer nicht an Allah und Seine Engel und Seine Bücher und Seine Gesandten und den Jüngsten Tag glaubt, der ist weit abgeirrt.“[17]

عَبَثًا وَأَنَّكُمْ إِلَيْنَا لَا تُرْجَعُونَ

„Meint ihr etwa, dass Wir euch sinnlos (zu Spiel und

17 4. Sure: En-Nisa', Vers 136.

Zeitvertreib) erschaffen haben und dass ihr nicht zu Uns zurückkehren müsst?"[18]

Der Glaube an das Jenseits gehört zu den essenziellen Glaubensgrundsätzen des Islam; es ist die Pflicht eines jeden Muslims, an die Existenz des Jenseits zu glauben. Der Glaube an das Jenseits ist eine Grundvoraussetzung dafür, dass man im Diesseits ein würdevolles Leben führen und als gläubiger Muslim versterben kann, einen angenehmen Aufenthalt im Grab haben wird und schließlich ins Paradies eintreten darf. Nur wer an das Jenseits glaubt, kann das Wohlgefallen Allahs ﷻ erlangen.

Jeder Mensch hat eine ganz bestimmte, von Allah dem Erhabenen festgesetzte Lebensdauer. Wenn diese Frist endet, tritt der Tod ein und das Leben in der Zwischenwelt beginnt.

Allah der Erhabene sagt dazu Folgendes:

وَلِكُلِّ أُمَّةٍ أَجَلٌ فَإِذَا جَاءَ أَجَلُهُمْ لَا يَسْتَأْخِرُونَ سَاعَةً وَلَا يَسْتَقْدِمُونَ

„Jede Gemeinschaft hat eine (festgesetzte) Frist. Wenn nun ihre Frist kommt, können sie [also die Mitglieder dieser Gemeinschaft] diese Frist weder um einen Moment hinauszögern noch vorverlegen."[19]

18 23. Sure: El-Mu'minun, Vers 115.
19 7. Sure: El-E'raf, Vers 34.

Der Glaube an die Vorherbestimmung *(Qader)* und die göttliche Fügung *(Qada')*

Vorherbestimmung ***(Qader)*** bedeutet, dass Allah ﷻ Kenntnis über alle Dinge hat, die bereits geschehen sind und die bis in alle Ewigkeit geschehen werden. Er kennt die Zeit, den Ort und den Ablauf aller Geschehnisse, bevor diese eintreten.

Göttliche Fügung ***(Qada')*** ist die Verwirklichung dieser vorherbestimmten Vorgänge zu der Zeit und an dem Ort, die Allah ﷻ dafür vorgesehen hat.

Die Vorherbestimmung spiegelt das Allwissen Allahs ﷻ wider: Er weiß alles, sieht alles, hört alles und gestaltet alles, wie Er will. Nichts, was innerhalb und außerhalb des Universums geschieht, bleibt Seinem Wissen verborgen. Alles, was innerhalb und außerhalb des Universums existiert, erschuf Er mit Seinem Willen.

Der Mensch verfügt nicht über die Fähigkeit, seine Vorherbestimmung erkennen zu können[20]. Es gehört zu den essenziellen Glaubensgrundsätzen des Islam, daran zu glauben, dass Allah ﷻ Kenntnis über alle Dinge hat, die dem Menschen widerfuhren, widerfahren und widerfahren werden.

Alle Handlungen des Menschen, die seinem freien Willen entspringen, sind Taten, für die er selbst verantwortlich ist und die er selbst zu verantworten hat. Tut er Gutes, so wird er dafür belohnt. Tut er Schlechtes, so wird er dafür bestraft. Allah ﷻ vergibt aber denen, die ihr Fehlverhalten aufrichtig bereuen und Ihn um Vergebung bitten. Mehr noch: Wenn ein Sünder Allah ﷻ reumütig und aufrichtig um Vergebung bittet, so wandelt Allah

20 Außer wenn Allah ﷻ es ihm mitteilt, so wie Er dies beispielsweise den Propheten mitgeteilt hat.

seine Sünden in Wohltaten um.[21] So gnadenreich ist Allah der Allbarmherzige!

Diese frohe Botschaft gilt für all jene Personen, die sich aufrichtig und reumütig zum Islam bekennen und gute Taten verrichten und für all jene Muslime, die aufrichtig um Vergebung für ihre Sünden bitten.

Allah ﷻ gebührt unendlicher Dank!

---

21 Vgl. Quranexegese von Imam Qurtubi: Dschami'u li Ehkamil Quran: 25. Sure: El-Furqan, Vers 70.

Die *Ibadeh* (Gottesdienst)

Was ist der Islam?

Der Islam ist ein göttliches Erziehungssystem, das aus Richtlinien besteht, die Allah der Erhabene festgesetzt hat, damit der Mensch ein gutes und gottgefälliges Leben führen kann.

Allahﷻ sandte die Propheten als Erzieher unter die Menschen, um diese von ihren schlechten Charaktereigenschaften zu befreien. Die Propheten teilten den Menschen die göttlichen Gebote und Verbote mit. Das Befolgen dieser Anweisungen ermöglicht es dem Menschen, sowohl im Diesseits als auch im Jenseits ein glückliches Leben zu führen. Denn wenn die Menschen aufrichtig glauben, sich an Allahsﷻ Gebote halten und bemüht sind, ausschließlich Allahsﷻ Wohlgefallen zu erlangen, verbessert sich ihr Charakter und ihr Herz findet zur Ruhe. So entwickeln sie sich zu Menschen, die einen nützlichen

Beitrag zum Wohl der Gesellschaft leisten. Dies führt wiederum dazu, dass sie Allahsﷻ Wohlgefallen erlangen. Wer aber das Wohlgefallen Allahsﷻ erlangt hat, der nähert sich Ihm, und wer Allahﷻ nahe ist, der führt, sowohl im Diesseits als auch im Jenseits, ein sorgenfreies Leben.

Solche Menschen führen ein angenehmes Leben, erleben einen furchtlosen Tod, haben einen behaglichen Aufenthalt im Grab, legen am Jüngsten Tag mühelos Rechenschaft über ihre Taten ab und werden ein ewiges Leben im Paradies führen.

Der Islam ist die Religion Allahs; er ist der Pfad, der die Menschen ins Paradies führt.

Der Islam wurde durch Muhammedﷺ, dem Siegel der Propheten, als der Abschluss aller göttlichen Religionen an die gesamte Menschheit gesandt.

Wer den Islam mit dem Herzen annimmt, indem er das Wohlgefallen Allahsﷻ anstrebt, wird zum Muslim.

Die Grundpfeiler des Islam:

Der edle Gesandte Muhammedﷺ erläuterte die fünf Grundpfeiler des Islam folgendermaßen:

بُنِيَ الإِسْلاَمُ عَلَى خَمْسٍ شَهَادَةِ أَنْ لاَ إِلَهَ إِلاَّ اللَّهُ ، وَأَنَّ مُحَمَّدًا رَسُولُ اللهِ ، وَإِقَامِ
الصَّلاَةِ ، وَإِيتَاءِ الزَّكَاةِ وَالْحَجِّ ، وَصَوْمِ رَمَضَانَ

„Der Islam ist auf fünf (Grundpfeilern) errichtet: Dem Bekenntnis, dass es keine Gottheit außer Allah gibt und dass Muhammed der Gesandte Allahs ist. Und der Verrichtung

des rituellen Gebets (Salah) und der Entrichtung der Pflichtabgabe (Zekah) und der Pilgerfahrt [zum Hause Gottes, wenn man dazu gesundheitlich und finanziell in der Lage ist] und dem Fasten im (Monat) Ramadan."[22]

Neben diesen fünf Grundpfeilern gibt es zwar auch noch andere Gebote und Verbote, die ein Muslim zu befolgen hat, aber die fünf Grundpfeiler sind die wichtigsten Gebote Allahsﷻ. Deshalb wollen wir in diesem Buch unser besonderes Augenmerk auf diese richten.

Das Alter der Zurechnungsfähigkeit

Mädchen und Jungen, die bei vollem Verstand sind, gelten als voll verantwortlich (*Mukellef*) für die Einhaltung der religiösen Gebote und Verbote, sobald sie ihre Geschlechtsreife erreicht haben. Ab dem Zeitpunkt des Eintritts der Geschlechtsreife gelten sie als erwachsen. Deshalb sind sie dazu verpflichtet, alle Gebote und Verbote Allahsﷻ genauso zu befolgen wie die anderen Erwachsenen auch, das heißt ihre fünf täglichen Pflichtgebete verrichten, im Monat Ramadan fasten und alle anderen göttlichen Gesetze befolgen.

Jungen erlangen die Geschlechtsreife in der Regel zwischen dem 12. und dem 15. Lebensjahr. Mädchen etwas früher, meist zwischen dem 9. und dem 15. Lebensjahr.[23]

---

22 Bukhari: Bedul Wahyi, 8.

23 Jungen sind vor Allahﷻ voll verantwortlich (*Mukellef*), sobald sie ihren ersten Samenerguss gehabt haben und Mädchen, sobald bei ihnen ihre erste Periode eingesetzt hat. Dies sind die entscheidenden Kriterien für den Eintritt der Kinder in das Erwachsenenalter und dadurch sind die Kinder – unabhängig von ihrem Alter – geschlechtsreif und vor Allahﷻ voll verantwortlich für ihr Tun.

Die Pflichten des *Mukellef*

Im islamischen Recht wird zwischen acht verschiedenen Arten der Handlungen eines Muslims unterschieden. Ihr Unterscheidungsmerkmal ist der Grad ihrer Verbindlichkeit oder ihrer Verwerflichkeit: Zur Ausführung mancher dieser Handlungen ist der Muslim absolut verpflichtet, andere dieser Handlungen sind ihm absolut verboten.

Die acht Arten der Handlungen des Muslims sind die folgenden:

1. ***Fard*** **(Absolute Pflicht):** Dies ist eine Verpflichtung, die durch eindeutige und authentische Quellen, wie dem Edlen Quran oder durch besonders starke Überlieferungen unseres Propheten Muhammedﷺ, absolut belegt ist. Die absoluten Pflichthandlungen werden in zwei Kategorien unterteilt:

a) ***FardulAyn*** **(Individuelle Pflicht):** Dies sind Handlungen, die für jeden einzelnen Muslim absolut verpflichtend sind. Hierzu zählt beispielsweise die fünfmal tägliche Verrichtung des Gebets oder das Fasten im Monat Ramadan.

b) ***Fardul Kifaye*** **(Kollektive Pflicht):** Dies sind begrenzt bindende Handlungen, deren Ausführung für die Gemeinschaft als Ganzes absolut verpflichtend ist. Wenn ein Teil der Gemeinschaft diese Handlungen ausführt, fällt die Verpflichtung dazu für den Rest der Gemeinschaft weg. Beispiele hierfür sind die Verrichtung des Totengebets oder die Verkündung des Islam.

2. ***Wadschib*** **(Verpflichtung):** Dies sind Gebote Allahs ﷻ, die nicht ganz so eindeutig belegt sind wie die *Fard*-Handlungen. Beispiele hierfür sind die Verpflichtung zur Teilnahme am Festtagsgebet und die Verrichtung des *Witr*-Gebets.

3. ***Sunneh*** **(Prophetische Tradition):** Dies sind gewisse Bräuche des Propheten ﷺ, die auf seinen Aussagen, Handlungen oder seiner stillschweigenden Duldung basieren und deren Befolgung nicht als *Fard* oder *Wadschib* eingestuft werden. Die *Sunneh* wird nochmals unterteilt in:

a) ***Sunneh mu'ekkede*** **(Starke prophetische Tradition):** Diese Bräuche hat unser Prophet Muhammed ﷺ nur sehr selten ausgelassen, daher ist ihre Ausführung für die Muslime sehr segensreich. Hierzu zählen beispielsweise die *Sunneh*-Gebete des Morgen-, Mittags- und Abendgebets.

b) ***Sunneh ghayrul mu'ekkede*** **(Nicht so starke prophetische Tradition):** Diese empfohlenen Handlungen hat unser Prophet Muhammed ﷺ manchmal ausgeführt und manchmal weggelassen. Hierzu zählen beispielsweise die *Sunneh*-Gebete vor dem Nachmittags- und dem Nachtgebet.

4. ***Mustehabb*** **(Lobenswerte Handlung):** Dies sind Handlungen, deren Ausführung von Allah ﷻ belohnt werden, deren Unterlassen aber von Allah ﷻ nicht bestraft wird. Hierzu zählen beispielsweise alle freiwilligen Gebete, die nicht als *Sunneh mu'ekkede* oder *Sunneh ghayrul mu'ekkede* bewertet werden, sowie das freiwillige Fasten und das Geben von Almosen.

5. ***Mubah*** **(Erlaubte Handlung):** Dies sind Handlungen, die weder von Allah ﷻ belohnt werden, wenn man sie ausführt, noch von Ihm ﷻ bestraft werden, wenn man sie unterlässt. Hierzu zählen beispielsweise das Essen, dass Trinken und das Schlafen.

6. ***Haram*** **(Verbotene Handlung):** Dies sind absolut verbotene Handlungen, deren Verbot eindeutig aus dem Edlen Quran oder den authentischen Überlieferungen des Propheten

Muhammedﷺ, hervorgeht. Hierzu zählen beispielsweise *Schirk* (Vielgötterei) und der Verzehr von Schweinefleisch oder von Lebensmitteln, die auf unrechtmäßige Weise erworben wurden.

7. ***Mekruh*** **(Verwerfliche Handlung):** Dies sind Taten, die entweder nahe am Verbot angesiedelt sind oder deren Unterlassen besser ist als deren Ausführung. Die verwerflichen Handlungen werden in zwei Gruppen unterteilt:

a) ***Mekruh tahrimen*** **(Sehr verwerfliche Handlung):** Diese Handlungen sind so verwerflich, dass sie an der Grenze zum Verbot angesiedelt sind. Hierzu zählen beispielsweise das Unterlassen von *Wadschib-Handlungen* oder das Verrichten des Nachmittagsgebets zur Zeit des Sonnenuntergangs.

b) ***Mekruh tenzihen*** **(Nicht empfohlene Handlung):** Dies sind Handlungen, deren Ausführung zwar nicht empfohlen wird, aber deren Verwerflichkeitsgrad so gering ist, dass sie an der Grenze zum Erlaubten angesiedelt sind. Hierzu zählen beispielsweise das Unterlassen einer *Sunneh*- oder *Mustehabb*-Handlung.

8. ***Mufsid*** **(Zunichtemachende Handlung):** Dies sind Handlungen, die dazu führen, dass eine gottesdienstliche Handlung ungültig wird. Hierzu zählen beispielsweise das Reden während des Gebets oder das absichtliche Essen während des Fastens.

Die Reinheit *(Tahareh)*

Der Reinlichkeit wird im Islam ein sehr hoher Stellenwert beigemessen. Allah der Erhabene erwartet von einem Muslim sowohl die Reinheit seines Herzens als auch die Reinheit seines Körpers. Darüber hinaus akzeptiert Er bestimmte gottesdienstliche Handlungen Seines Dieners – wie beispielsweise das Gebet – nur dann, wenn dieser sich im Zustand der rituellen Reinheit befindet. Für den Muslim ist es also sehr wichtig, sich mit den verschiedenen Reinigungsvorschriften gründlich zu befassen und diese genauestens zu befolgen, damit er das Wohlgefallen Allahs ﷻ erlangen kann.

In den folgenden Kapiteln wollen wir näher auf die islamischen Reinigungsvorschriften eingehen. Beginnen wollen wir mit den verschiedenen Arten der Verunreinigungen und deren Auswirkungen auf den Vollzug der gottesdienstlichen Handlungen. Denn nur wer weiß, welche Stoffe zu Verunreinigungen des Körpers, der Kleidung oder der Gebetsstätte führen, kann sich vor diesen schützen und so gewährleisten, dass seine gottesdienstlichen Handlungen von Allah dem Erhabenen akzeptiert werden.

Arten der Verunreinigungen *(Nedschaseh)*

Bestimmte Substanzen und Zustände gelten im Islam als unrein. Ein Mensch kann sowohl materiell verunreinigt sein durch die Anhaftung von unreinen Substanzen an seinem Körper oder seiner Kleidung, als auch rituell unrein durch den Eintritt in den Zustand der rituellen Unreinheit.

Die verschiedenen Arten der Verunreinigungen werden demnach in zwei Gruppen zusammengefasst:

1. **Materielle Verunreinigungen:**
   Dazu zählt die Verschmutzung des Körpers, der Kleidung oder der Gebetsstätte mit unreinen Substanzen (*Nedschaseh)*.
2. **Rituelle Unreinheit:**
   Dies ist ein unreiner Zustand, der durch den Austritt von körpereigenen Substanzen (wie Blut, Kot oder Urin) aus dem Körperinneren, durch den Vollzug des Geschlechtsverkehrs oder den Austritt von Sperma herbeigeführt wird.

Die materiell verunreinigenden Stoffe *(Nedschaseh)* werden in zwei Gruppen unterteilt:

a) Stark verunreinigende Substanzen:

Folgende Substanzen gelten als stark verunreinigende Substanzen:

- Der Urin und der Kot von Tieren, deren Fleisch nicht verzehrt werden darf. [24]
- Der Kot von Vögeln, deren Verzehr erlaubt ist (wie Hühner, Enten und Gänse), sofern diese nicht in der Luft Kot fallen lassen und dabei einen Menschen treffen.[25]
- Der Speichel von Hunden, Schweinen und Landraubtieren (wie Füchse, Dachse oder Wölfe).

---

24 Geringe Mengen des Urins von Katzen und Mäusen werden geduldet, da diese häufig in den Häusern der Menschen vorzufinden sind und daher Verunreinigungen dieser Art nicht gänzlich zu vermeiden sind.

25 Wenn sich der Kot von Vögeln, deren Verzehr erlaubt ist, auf dem Boden befindet, lässt sich der Kontakt damit leicht vermeiden. Deshalb wird der Kot dieser Vögel als stark verunreinigend betrachtet, wenn er sich auf dem Boden befindet, hingegen nur als schwach verunreinigend, wenn diese Vögel in der Luft Kot fallen lassen und dabei eine Person treffen.

- Der Urin, der Kot, das Sperma und das fließende Blut des Menschen.
- Die Kadaver von selbst verendeten oder nicht nach den islamischen Vorschriften geschlachteten Tieren.

Bei stark verunreinigenden Flüssigkeiten (wie menschlichem Urin) wird nur die Verunreinigung einer Fläche, die in etwa so groß wie eine Zwei-Euro-Münze ist, geduldet.

Wenn der Betende oder seine Kleidung mit einer stark verunreinigenden Flüssigkeit in der Größe einer Zwei-Euro-Münze verunreinigt ist, ist die Verrichtung des Gebets für ihn *mekruh tahrimen*. Eine Verunreinigung in diesem Maße führt aber noch nicht dazu, dass das Gebet ungültig wird.

Wenn der Betende oder seine Kleidung mit einer stark verunreinigenden Flüssigkeit verunreinigt ist, die kleiner ist als die Oberfläche einer Zwei-Euro-Münze, so ist die Verrichtung seines Gebets *mekruh tenzihen*.

Feststoffliche stark verunreinigende Substanzen (wie menschlicher Kot) werden bis zu dem Gewicht einer Silbermünze (*Dirhem*), also ungefähr drei Gramm, geduldet. Größere Verunreinigungen führen zur Ungültigkeit des Gebets.

b) Schwach verunreinigende Substanzen:

Folgende Substanzen gelten als schwach verunreinigend:

- Der Kot von Vögeln, deren Verzehr nicht gestattet ist, wie beispielsweise des Falken, des Habichts oder anderer Greifvögel.
- Der Urin und der Kot von Pferden, Kamelen, Schafen und anderen Nutztieren.

- Der Urin und der Kot von Wildtieren, deren Verzehr gestattet ist.

Solange weniger als ein Viertel des Körpers des Betenden, eines seiner Kleidungsstücke oder der Stelle auf der er betet durch schwach verunreinigende Stoffe verschmutzt ist, ist sein Gebet gültig.

Ist hingegen mehr als ein Viertel seines Körpers, seiner Kleidung oder der Stelle auf der er betet von solchen Substanzen verunreinigt, ist sein Gebet ungültig.

Auch wenn gewisse Verunreinigungen islamrechtlich geduldet sind, sollte man sich stets darum bemühen, alle schwach- und stark verunreinigenden Substanzen von seinem Körper, seiner Kleidung oder seiner Gebetsstätte zu beseitigen. Dies sollte man auch dann tun, wenn es sich dabei um so geringe Mengen handelt, dass die Gültigkeit des Gebets dadurch nicht beeinträchtigt wird.

In Ausnahmesituationen[26] wird die Verrichtung des Gebets auch mit verunreinigter Kleidung geduldet.

Rituelle Unreinheit *(Hadeth bzw. Dschenabeh)*:
Der Zustand der rituellen Unreinheit erfordert entweder die Durchführung einer Teilkörperwaschung (beispielsweise nach dem Gang auf die Toilette) oder einer Ganzkörperwaschung (beispielsweise nach dem Geschlechtsverkehr), bevor man gottesdienstliche Handlungen, wie etwa das Gebet, das Quranlesen oder die Umrundung der *Kaaba,* ausführen darf.

---

26 Wenn man keine saubere Kleidung zur Verfügung hat und man auch nicht die Möglichkeit dazu hat, die verunreinigte Kleidung zu reinigen, dann darf man ausnahmsweise mit der verunreinigten Kleidung beten. In einem solchen Fall ist die Verrichtung des Gebets mit verunreinigter Kleidung immer der Verrichtung des Gebets mit entblößtem Schambereich vorzuziehen.

Die Vorbereitung auf die Teilkörperwaschung *(Wudu')*

Wer sich im Zustand der kleinen rituellen Unreinheit befindet, muss zuerst eine Teilkörperwaschung durchführen, bevor er sein Gebet verrichten darf. Damit die Gültigkeit der Teilkörperwaschung gewährleistet ist, müssen Männer darauf achten, dass sie nach dem Gang auf die Toilette ihren Harnleiter komplett von eventuellen Urinresten reinigen (*Istibra'*), bevor sie damit beginnen, ihre Teilkörperwaschung auszuführen. Die meisten Zweifel (*Wesweseh*), die während des Gebets an der Gültigkeit der Gebetswaschung auftauchen, entstehen dadurch, dass man nach dem Toilettengang unachtsam war und sich nicht sicher ist, ob man seinen Harnleiter komplett von Urin entleert hat oder nicht.

Istibra'

Der Begriff *Istibra'* bedeutet „Befreiung, Sichfreimachen (von etwas)". Im islamischen Recht bezeichnet man damit die Befreiung des Harnleiters von Urinresten nach dem Toilettengang. Erst nachdem man seinen Harnleiter komplett von Urinresten befreit hat, darf man mit dem *Wudu'* beginnen. Ansonsten besteht die Gefahr, dass nach der rituellen Reinigung nochmals Urin aus dem Harnleiter austritt und die rituelle Reinheit verlorengeht. *Istibra'* ist nur den Männern vorgeschrieben. Frauen können gleich nach dem Toilettengang damit beginnen, ihr *Wudu'* durchzuführen, da ihr Harnleiter anders beschaffen ist als der der Männer.

Verhalten auf der Toilette

Beim Betreten der Toilette sollte man darauf achten, dass man diese mit dem linken Fuß zuerst betritt. Beim Verlassen der Toilette sollte man wiederum darauf achten, dass man diese mit dem rechten Fuß zuerst verlässt.

Vor dem Betreten der Toilette sollte man folgendes Bittgebet sprechen:

أَعُوذُ بِكَ مِنَ الْخُبْثِ وَ الْخَبآئِث

„(O mein Herr,) ich suche meine Zuflucht bei Dir vor den männlichen und den weiblichen Teufeln.“[27]

Nach dem Verlassen der Toilette sollte man dieses Bittgebet sprechen:

اَلْحمْدُ لِلّهِ الَّذِي أَذْهَبَ عَنِّي الْأَذَى وَعَافَانِي

„Gelobt sei Allah, Der mich von den schädlichen (Überresten) befreite und es mir wohlergehen lässt.“

Man sollte nicht im Stehen urinieren und sich weder mit seiner Vorder- noch mit seiner Rückseite der Gebetsrichtung (*Qibleh*) zuwenden. Nachdem man sich entleert hat, reinigt man sich gründlich von allen festen und flüssigen Verunreinigungen.

Auf der Toilette sollte nicht gesprochen werden und man sollte sich nicht länger auf der Toilette aufhalten als unbedingt notwendig.

Die Verrichtung der Teilkörperwaschung (*Wudu'*)

---

27 Hakim: Mustedrek: Tahareh, 669.

Bei der Teilkörperwaschung gibt es vier Pflichthandlungen. Lässt man eine dieser vier Pflichthandlungen aus, ist die Teilkörperwaschung unvollständig und daher nicht gültig:

1. Das Waschen des Gesichts.
2. Das Waschen der Hände und der Unterarme, einschließlich der Ellbogen.
3. Das Bestreichen eines Viertels des Kopfes (bzw. des Kopfhaares) mit der feuchten Hand.
4. Das Waschen der Füße, einschließlich der Fußknöchel.

Die *Sunneh*-Handlungen des *Wudu'*

Die Teilkörperwaschung ist zwar auch ohne die Ausführung ihrer *Sunneh*-Handlungen gültig, aber die Ausführung der *Sunneh* ist sehr segensreich und wird von Allah dem Erhabenen zusätzlich belohnt. Daher sollte man sie unbedingt ausführen. Die *Sunneh*-Handlungen der Teilkörperwaschung sind die folgenden:

1. Man fasst die Absicht zur Durchführung der Teilkörperwaschung.
2. Man spricht die Besmeleh zu Beginn der Teilkörperwaschung.

Darüber hinaus wird empfohlen, zu Beginn des *Wudu'* folgendes Bittgebet zu sprechen:

بِسْمِ اللهِ الْعَظِيمِ وَالْحَمْدُ لِلّٰهِ عَلَى دِينِ الْإِسْلَامِ

"Mit dem Namen Allahs, des Allmächtigen [beginne ich mit der rituellen Waschung]. Alles Lob gebührt Allah, (Der mich) zur (wahren) Religion des Islam (geführt hat)."

3. Man befolgt die richtige Reihenfolge bei der Waschung der Körperteile.
4. Man putzt sich die Zähne mit einer Zahnbürste und reinigt den Mundraum von eventuellen Speiseresten.[28]
5. Man beginnt das Waschen der Hände bei den Fingerspitzen.
6. Man wäscht die Fingerzwischenräume.
7. Man spült sich dreimal den Mund aus.
8. Man spült sich dreimal die Nase aus.[29]
9. Man wäscht alle zu waschenden Körperteile dreimal und überstreicht diese dabei.
10. Man beginnt die Waschung der Körperteile jeweils mit dem rechten Körperteil.
11. Man wäscht die Gesichtshaut unter dem Bart.
12. Man überstreicht die gesamte Kopfpartie mit den feuchten Händen.
13. Man überstreicht die Ohren mit den feuchten Fingern.
14. Man beginnt das Waschen der Füße bei den Zehenspitzen.
15. Man wäscht die Zehenzwischenräume.

Die *Mustehabb*-Handlungen (empfohlenen Handlungen) beim *Wudu‘*

Die empfohlenen Handlungen runden die Teilkörperwaschung ab und werden ebenfalls von Allah ﷻ belohnt. Diese sind die folgenden:

---

28 Es wird empfohlen, für die Zahnreinigung einen Zweig oder ein Stück der Wurzel des Zahnbürstenbaums (*Miswak/Siwak*) zu verwenden.

29 Während des Fastens sollte man bei der Ausführung der Mund- und der Nasenspülung vorsichtig sein, damit man dabei nicht versehentlich Wasser schluckt und dadurch sein Fasten bricht.

1. Man sollte vermeiden, dass während des *Wudu‘* Wasserspritzer auf die Kleidung gelangen. Daher ist es ratsam, sie an einem Waschbecken durchzuführen, da hier das Wasser gut aufgefangen wird und deshalb wenig Wasser auf die Kleidung spritzt.
2. Wenn möglich, sollte man sich während der Teilkörperwaschung der Gebetsrichtung (*Qibleh*) zuwenden.
3. Wer dazu in der Lage ist, die Teilkörperwaschung selbständig durchzuführen, sollte dies auch tun und niemanden darum bitten, ihm dabei zu helfen.
4. Unnötige Gespräche sollten bei der Teilkörperwaschung vermieden werden; es sollte nur gesprochen werden, wenn es unbedingt erforderlich ist.
5. Vor und nach der Teilkörperwaschung sollte man die dazu überlieferten Bittgebete sprechen.
6. Bei der Mund- und der Nasenspülung sollte man das Wasser mit der rechten Hand zum Mund bzw. zur Nase führen.
7. Die Nase sollte mit der linken Hand gereinigt (ausgeschneuzt) werden.
8. Ringträger sollten ihren Ring beim Händewaschen hin und her drehen. Dadurch wird sichergestellt, dass auch die Haut unter dem Ring mit Wasser in Berührung kommt.
9. Die Teilkörperwaschung sollte – als Teil der Vorbereitung auf das bevorstehende Gebet – bereits vor Eintritt der Gebetszeit durchgeführt werden.
10. Nach dem *Wudu‘* sollte man sich der Gebetsrichtung (*Qibleh*) zuwenden und das Glaubensbekenntnis (*Kelimetu Schehadeh)* sprechen.
11. Wenn man nicht fastet, sollte man etwas von dem Wasser trinken, das bei der Teilkörperwaschung übriggeblieben ist (sofern dieses aus einem Behälter entnommen wurde) und folgendes Bittgebet sprechen:

اللَّهُمَّ اجْعَلْنِي مِنَ التَّوَّابِينَ وَاجْعَلْنِي مِنَ الْمُتَطَهِّرِينَ

„O Herr. Lasse mich zu den Reumütigen und den Geläuterten gehören!“[30]

12. Nach Vollendung der Teilkörperwaschung sollte man ein Gebet mit zwei Gebetseinheiten (*Rek'ah*) verrichten, sofern man sich nicht gerade in der *Keraheh*[31]*-Zeit* befindet.

Verwerfliche Handlungen *(Mekruh)* beim *Wudu'*

Alle Handlungen, die den soeben aufgezählten *Mustehabb*- und *Sunneh*-Handlungen der Teilkörperwaschung widersprechen, gelten als verwerflich *(Mekruh)*[32].

Dies sind hauptsächlich die folgenden Handlungen:

- Wasserverschwendung. Verschwendung bedeutet, dass man unnötig mehr Wasser verwendet als zur Teilkörperwaschung vonnöten ist oder die zu waschenden Körperteile mehr als dreimal wäscht.

- Geiz beim Wasserverbrauch. Geiz bedeutet, dass man so sehr mit dem Wasser spart, dass das Wasser nur tröpfchenweise

30 Beyhaqi: Sunenul Kubra, Band 1, S. 78.

31 Zeiten in denen die Verrichtung des Gebetes sehr verwerflich (*Mekruh tahrimen*) ist.

32 Bei der Ausführung der Teilkörperwaschung wird nochmals zwischen *Mekruh tahrimen* (sehr verwerfliche Handlungen) und *Mekruh tensihen* (nicht empfohlene Handlungen) unterschieden. Auf diese Details wollen wir in diesem Büchlein aber nicht eingehen, weil dies den Rahmen sprengen würde.

an die Haut gelangt oder man die zu waschenden Körperteile weniger als dreimal wäscht.

- Das Wasser mit den Händen heftig ins Gesicht oder auf die Körperteile zu klatschen.
- Das unnötige Reden während der Teilkörperwaschung.
- Die Zuhilfenahme anderer Personen bei der Durchführung der Teilkörperwaschung, wenn man dazu auch alleine in der Lage ist.[33]
- Die Durchführung der Teilkörperwaschung an einem verunreinigten Ort.
- Das Unterlassen einer der *Sunneh*-Handlungen bei der Teilkörperwaschung.

Die richtige Ausführung des *Wudu'*

Man wendet sich der Gebetsrichtung (*Qibleh*) zu und fasst folgende Absicht:

„Für das Wohlgefallen Allahs ﷻ beabsichtige ich, die Teilkörperwaschung durchzuführen."

Danach sucht man seine Zuflucht beim Erhabenen Allah vor dem verfluchten Scheytan (Satan) und spricht die *Besmeleh*.

33 Es besteht jedoch kein Einwand dagegen, wenn sich ein Lehrer von seinem Schüler, ein Mann von seiner Ehefrau oder ein Elternteil von seinem Kind während der Teilkörperwaschung das Wasser zureichen lässt.

Anschließend wäscht man sich die Hände. Dabei spricht man folgendes Bittgebet:

بِسْمِ اللهِ الْعَظِيمِ وَالْحَمْدُ لِلَّهِ عَلَى دِينِ الْإِسْلَامِ

“Mit dem Namen Allahs, des Allmächtigen (beginne ich mit der Teilkörperwaschung). Alles Lob gebührt Allah, (Der mich) zur (wahren) Religion des Islam (geführt hat).”

Man spült sich den Mund aus. Dabei spricht man folgendes Bittgebet:

اَللَّهُمَّ أَعِنِّي عَلَى تِلَاوَةِ الْقُرْآنِ وَ ذِكْرِكَ وَ
شُكْرِكَ وَ حُسْنِ عِبَادَتِكَ

„O Allah! Hilf mir dabei, den Quran zu lesen, Deiner zu gedenken, Dir zu danken und Dir gut zu dienen.“

Man spült sich die Nase aus. Dabei spricht man folgendes Bittgebet:

َللَّهُمَّ أَرِحْنِي رَائِحَةَ الْجَنَّةَ وَ لَا تُرِحْنِي رَائِحَةَ النَّارِ

„O Allah! Lass mich den Duft des Paradieses atmen und nicht den Gestank der Hölle.“

Man wäscht sich das Gesicht. Dabei spricht man folgendes Bittgebet:

اَللَّهُمَّ بَيِّضْ وَجْهِي يَوْمَ تَبْيَضُّ وُجُوهٌ وَتَسْوَدُّ وُجُوهٌ

„O Allah! Lass mein Gesicht an jenem Tage erstrahlen, an dem (manche) Gesichter erstrahlen und sich (andere) Gesichter verfinstern.“

Man wäscht sich den rechten Arm. Dabei spricht man folgendes Bittgebet:

اَللَّهُمَّ أَعْطِنِي كِتَابِي بِيَمِينِي وَحَاسِبْنِي حِسَابًا يَسِيرًا

„O Allah! Überreiche mir mein Buch von meiner rechten Seite und mache mir die Abrechnung leicht.“

Man wäscht sich den linken Arm. Dabei spricht man folgendes Bittgebet:

اَللَّهُمَّ لاَ تُعْطِنِي كِتَابِي بِشِمَالِي وَلاَ مِنْ وَرآءِ ظَهْرِي

„O Allah! Überreiche mir mein Buch nicht von meiner linken Seite und nicht von hinter meinem Rücken.“

Man überstreicht seinen Kopf mit Wasser. Dabei spricht man folgendes Bittgebet:

اَللَّهُمَّ أَظِلَّنِي تَحْتَ ظِلِّ عَرْشِكَ يَوْمَ لاَ ظِلَّ إِلاَّ ظِلُّ عَرْشِكَ

„O Allah! Beschatte mich unter Deinem Thron an jenem Tage, an dem es keinen Schatten außer dem Schatten Deines Thrones gibt.“

Man reinigt seine Ohren und überstreicht diese. Dabei spricht man folgendes Bittgebet:

اَللَّهُمَّ اجْعَلْنِي مِنَ الَّذِينَ يَسْتَمِعُونَ الْقَوْلَ فَيَتَّبِعُونَ أَحْسَنَهُ

„O Allah! Lasse mich zu denen gehören, die gehorchen und sich aufs Beste fügen.“

Man überstreicht seinen Nacken. Dabei spricht man folgendes Bittgebet:

اَللّٰهُمَّ أَعْتِقْ رَقَبَتِي مِنَ النَّارِ

„O Allah! Rette meinen Hals vor dem Feuer."

Man wäscht sich den rechten Fuß. Dabei spricht man folgendes Bittgebet:

اَللّٰهُمَّ ثَبِّتْ قَدَمَيَّ عَلَى الصِّرَاطِ يَوْمَ تَزَلُّ الْأَقْدَامِ

„O Allah! Lasse meine Füße auf der Brücke (Sirat) standhaft bleiben an jenem Tage, an dem die Füße ausgleiten."

Man wäscht sich den linken Fuß. Dabei spricht man folgendes Bittgebet:

اَللّٰهُمَّ اجْعَلْ ذَنْبِي مَغْفُوراً وَ سَعْيِي مَشْكُوراً وَ تِجَارَتِي لَنْ تَبُور

„O Allah! Verzeihe mir meine Sünden, belohne meine Bemühungen und lass meinen Handel (d.h. meine frommen Taten) niemals ertraglos sein."

Anschließend trinkt man vom Wasser, das bei der Teilkörperwaschung übrig geblieben ist (falls das Wasser aus einem Behälter entnommen wurde), und spricht folgendes Bittgebet:

اللّٰهُمَّ اجْعَلْنِى مِنَ التَّوَّابِينَ وَاجْعَلْنِى مِنَ الْمُتَطَهِّرِينَ

„O Allah! Lasse mich zu den Reumütigen und zu den Geläuterten gehören!"

Danach spricht man das Glaubensbekenntnis (*Kelimetu Schehadeh)*:

أَشْهَدُ أَنْ لاَ إِلَٰهَ إِلاَّ اللهُ وَأَشْهَدُ أَنَّ مُحَمَّدًا عَبْدُهُ وَرَسُولُه

„Ich bezeuge, dass es keinen Gott außer Allah gibt und ich bezeuge, dass Muhammed Sein Diener und Gesandter ist.“

Wenn man die Zeit dazu hat, sollte man nach der Teilkörperwaschung ein freiwilliges Gebet mit zwei Gebetseinheiten (*Rek'ah*) verrichten. Wer all die oben genannten Punkte beachtet, führt seine Teilkörperwaschung *(Wudu')* entsprechend den islamischen Anstandsregeln aus und bereitet sich auf beste Weise auf das Gebet vor.

Faktoren, die dazu führen, dass *Wudu'* erneuert werden muss

1. Austritt von Blähungen.
2. Alle Arten von Ausscheidungen aus dem After oder der Harnröhre, wie beispielsweise Kot, Urin oder Samenflüssigkeiten.
3. Der Austritt von Blut oder trüben Flüssigkeiten (wie Flüssigkeiten, die mit Blut vermischt sind oder Eiter), egal von welcher Stelle des Körpers diese auch austreten mögen.
4. Ein Mundvoll Erbrochenes. Ist die Menge des Erbrochenen geringer als ein Mundvoll, dann muss die Teilkörperwaschung nicht erneuert werden. Das Erbrechen von Schleim führt ebenfalls nicht dazu, dass die Teilkörperwaschung erneuert werden muss.
5. Zahnfleischbluten oder andere Blutungen im Mundraum. Wenn mehr als die Hälfte der Spucke aus Blut besteht, dann muss die Teilkörperwaschung erneuert werden; wenn mehr als die Hälfte der Spucke aus Speichel besteht, dann muss sie nicht erneuert werden.

6. Schlafen. Wer im Liegen oder an einen Gegenstand angelehnt geschlafen hat, muss sein *Wudu‘* erneuern, selbst wenn er nur ganz kurz eingeschlafen ist. Wer im Schneidersitz oder auf seinen Unterschenkeln sitzend einschläft – ohne dass er sich dabei (beispielsweise an eine Wand) anlehnt – der muss seine Teilkörperwaschung nicht erneuern.
7. Ohnmacht. Wer aus einer Ohnmacht erwacht, muss sein *Wudu‘* erneuern.
8. Wahnsinn, d. h. dass man seine Zurechnungsfähigkeit verloren hat. Wenn man seine Zurechnungsfähigkeit wiedererlangt hat, muss man seine Teilkörperwaschung erneuern, bevor man gottesdienstliche Handlungen ausführen darf, die eine Teilkörperwaschung erfordern.
9. Trunkenheit.
10. Lautes Lachen im Gebet. Laut bedeutet hier, dass das Lachen von den Nebenstehenden im Gebet gehört werden kann.
11. Für Personen im *Udhr*-Zustand: Der Anbruch einer neuen Gebetszeit.
12. Wer eine Erdwaschung (*Teyemmum*) vorgenommen hat (weil ihm nicht ausreichend Wasser für die Durchführung von *Wudu‘* zur Verfügung stand), danach aber ausreichend Wasser vorfindet, um damit *Wudu‘* durchführen zu können, muss die Teilkörperwaschung durchführen, um gottesdienstliche Handlungen ausführen zu dürfen, die *Wudu‘* voraussetzen.

Handlungen, die ohne gültiges *Wudu‘* nicht ausgeführt werden dürfen

1. Das Verrichten des Gebets.
2. Das Berühren des Edlen Quran oder das Berühren eines einzelnen Quranverses.

3. Die Ausführung einer Rezitations-Niederwerfung (*Sedschdetu Tilaweh*), wenn man zuvor einen sogenannten *Sedschdeh*-Vers aus dem Edlen Quran rezitiert oder mit angehört hat.

Es ist *Mustehabb* (erwünscht), folgende Tätigkeiten im Zustand der rituellen Reinheit auszuführen:

1. Die Teilnahme am Religionsunterricht.
2. Die Rezitation von Quranversen aus dem Gedächtnis oder aus dem Edlen Quran, ohne diesen dabei zu berühren.
3. Das Anhören religiöser Vorträge.
4. Das Gottesgedenken (*Dhikr*).
5. Den Besuch einer Moschee.

Die Ganzkörperwaschung *(Ghusl)*

Wer den Geschlechtsakt vollzogen oder Samenflüssigkeit bzw. weibliches Ejakulat ausgesondert hat, tritt in den Zustand der großen rituellen Unreinheit (*Hadethul Ekber*) ein. In diesem Zustand dürfen bestimmte gottesdienstliche Handlungen, wie beispielsweise die Verrichtung des Gebets, nicht ausgeführt werden. Bevor man solche Gottesdienste ausführt, muss man die Ganzkörperwaschung (*Ghusl*) durchführen.

Frauen befinden sich darüber hinaus ebenfalls im Zustand des *Hadethul Ekber*, wenn sie sich in der Menstruation (*Hayd*) oder im Wochenbett (*Nifas*) befinden. Sie müssen nach dem Abklingen ihrer Blutungen die Ganzkörperwaschung durchführen, bevor sie wieder das Gebet verrichten oder bestimmte andere gottesdienstliche Handlungen ausführen dürfen.

Bei der Ganzkörperwaschung ist darauf zu achten, dass der gesamte Körper – von Kopf bis Fuß – gewaschen wird.

Im Edlen Quran heißt es dazu:

جُنُبًا فَاطَّهَّرُوا

„Und wenn ihr Dschunub[34] seid, so reinigt euch gründlich.“[35]

Die Pflichtbestandteile der Ganzkörperwaschung *(Ghusl)*

1. Das einmalige Ausspülen des Mundes.
2. Das einmalige Ausspülen der Nase.
3. Das einmalige Waschen des gesamten Körpers, wobei alle Körperteile mit Wasser in Berührung kommen müssen.

Es gehört ebenfalls zu den Pflichten der Ganzkörperwaschung, eventuell vorhandene Ohrringlöcher sowie das Innere des Bauchnabels zu reinigen. Männer müssen ihre Haarzöpfe vor der Durchführung der Ganzkörperwaschung öffnen. Auch die Haut unter der Kopfbehaarung, den Augenbrauen und dem Bart muss befeuchtet werden.

Wenn Frauen ihre Kopfhaut trotz ihrer geflochtenen Haarzöpfe mit Wasser benetzen können, müssen sie ihre Haarzöpfe nicht öffnen.

---

34 Mit *Dschunub* bezeichnet man eine Person im Zustand der großen rituellen Unreinheit (*Hadethul Ekber*), die durch den Vollzug des Geschlechtsverkehrs oder den Austritt von Samenflüssigkeit verursacht wurde.

35 El-Ma'ideh, 5/5,6.

Die *Sunneh*-Handlungen des *Ghusl*

1. Das Fassen der Absicht zur Durchführung der Ganzkörperwaschung.
2. Das dreimalige Waschen der Hände, bis zu den Handgelenken, vor der Ganzkörperwaschung.
3. Das Entfernen von Unreinheiten am Körper vor der Ganzkörperwaschung.
4. Das Waschen des Geschlechtsbereichs vor der Ganzkörperwaschung.
5. Die Durchführung der Teilkörperwaschung *(Wudu')* vor der Ganzkörperwaschung.
6. Das dreimalige Übergießen des Kopfes sowie der rechten und der linken Schulter mit Wasser und die anschließende gründliche Waschung des gesamten Körpers.
7. Das Durchführen der Ganzkörperwaschung an einem Ort, an dem man nicht gesehen werden kann, sowie das Bedecken des Schambereichs während der Waschung.
8. Das Schweigen während der Ganzkörperwaschung.
9. Das Abtrocknen nach der Ganzkörperwaschung.

Umstände, die die Durchführung einer Ganzkörperwaschung *(Ghusl)* erforderlich machen

Die meisten gottesdienstlichen Handlungen machen es erforderlich, dass Personen, die sich im Zustand der großen rituellen Unreinheit (*Hadethul Ekber*) befinden, vor deren Ausführung eine Ganzkörperwaschung durchführen.

Der Zustand des *Hadethul Ekber* tritt in folgenden Situationen ein:

1. Durch den Vollzug des Geschlechtsakts (egal ob es hierbei zum Samenerguss gekommen ist oder nicht).
2. Durch den Austritt von Samenflüssigkeit (zum Beispiel durch einen feuchten Traum).
3. Mit dem Einsetzen der Menstruation (*Hayd*).
4. Mit dem Beginn des Wochenbetts (*Nifas*).

Den Zustand des *Hadethul Ekber* nennt man *Dschenabeh*, wenn dieser durch den Vollzug des Geschlechtsakts oder durch den Austritt von Samenflüssigkeit auf eine andere Art und Weise verursacht wurde. Eine Person, die sich im Zustand der *Dschenabeh* befindet, nennt man *Dschunub*.

Menstruierende Frauen oder Frauen im Wochenbett befinden sich solange im Zustand des *Hadethul Ekber*, bis sie – nach dem vollständigen Abklingen ihrer Monats- oder Wochenbettblutungen – eine Ganzkörperwaschung durchgeführt haben.

Die Durchführung des *Ghusl*

Man betritt den Ort, an dem der *Ghusl* durchgeführt werden soll, mit dem linken Fuß zuerst. Dabei spricht man dasselbe Bittgebet, das man auch beim Betreten der Toilette spricht. Anschließend spricht man mit seinem Herzen die *Besmeleh* und fasst die Absicht, sich vom Zustand der rituellen Unreinheit (*Hadethul Ekber*) durch die Durchführung einer Ganzkörperwaschung zu befreien.

Führt man die Ganzkörperwaschung aus einem anderen Grund als der Befreiung vom Zustand der großen rituellen Unreinheit aus, dann fasst man lediglich die Absicht zur Durchführung des *Ghusl*.

Als erstes wäscht man sich die Hände bis zu den Handgelenken. Anschließend reinigt man seine Geschlechtsteile. Sollten sich am Körper Schmutz oder andere Anhaftungen (wie z.B. Pflaster oder Klebstoff) befinden, so entfernt man diese. Danach wäscht man sich die Hände und spült sich den Mund dreimal aus. Falls man nicht fastet, gurgelt man dabei. Außerdem sollte darauf geachtet werden, dass alle Speisereste aus dem Mund entfernt werden.

Danach spült man sich dreimal die Nase aus und schnäuzt diese mit der linken Hand aus. Dann führt man wie gewohnt die Teilkörperwaschung *(Wudu')* durch. Dabei genügt es, die Füße erst am Ende der Ganzkörperwaschung zu reinigen, wenn man diese an einem Ort durchführt, an dem sich das Waschwasser sammelt (wie in einer Dusch- oder Badewanne).

Schließlich wird der gesamte Körper gewaschen. Dabei achtet man darauf, dass die Ohrlöcher, der Bauchnabel, die Haut unter dem Kopfhaar und dem Bart sowie Ohrringlöcher ebenfalls mit Wasser in Kontakt kommen.

Sollten sich Wunden am Körper befinden, so ist es nicht notwendig, diese abzureiben. Entweder benetzt man sie mit Wasser oder man überstreicht sie vorsichtig mit der feuchten Hand. Sollte auch das Überstreichen schaden, dann berührt man die Wunden nicht, sondern benetzt sie lediglich mit Wasser. Dabei sollte man alles vermeiden, was den Wunden Schaden zufügen könnte. Sollten die Wunden mit einem Verband bedeckt sein, dann wird dieser mit der feuchten Hand überstrichen, sofern dies den Wunden nicht schadet bzw. deren Heilungsprozess nicht unnötig verzögert.

Es ist *Sunneh*, an Freitagen, religiösen Festtagen und vor dem Eintritt in den Weihezustand der Pilgerfahrt (*Ihram*) die Ganzkörperwaschung durchzuführen.

Vor dem Ablegen des Reuebekenntnisses (*Tewbeh*) ist es ebenfalls empfohlen (*mustehabb*), die Ganzkörperwaschung durchzuführen und anschließend ein Gebet mit zwei Gebetseinheiten (*Rek'ah*) zu verrichten.

Handlungen, die im Zustand der großen rituellen Unreinheit *(Hadethul Ekber)* verboten sind

1. Das Verrichten des Gebets.
2. Die Rezitation des Edlen Quran (dabei darf man weder direkt aus dem Edlen Quran rezitieren, noch auswendig gelernte Quranverse aus dem Gedächtnis).

   Im Zustand der großen rituellen Unreinheit darf man aber der Rezitation des Edlen Quran zuhören und bestimmte *Dhikr-Formeln*, wie *Bismillah, Elhamdulillah, Allahu Ekber* und *Estaghfirullah* aufsagen. Das Aussprechen von Segensgrüßen (*Salewat*) auf den Gesandten Allahs, Allahs Segen und Friede seien auf ihm, ist ebenfalls erlaubt.

   Quranlehrerinnen, die ihre Monats- oder Wochenbettblutungen haben, dürfen den Edlen Quran auch in diesem Zustand lehren, sofern sie die Quranverse nicht als durchgängigen Text, sondern Wort für Wort vortragen.

3. Die Umrundung der *Kaaba* in Mekka.

4. Das Betreten oder das Durchqueren einer Gebetsstätte oder eines Gebetsraumes, außer wenn dies unbedingt erforderlich sein sollte.

Wenn man sich im Zustand der großen rituellen Unreinheit befindet, sollte man sich die Hände waschen und den Mund ausspülen, bevor man isst oder trinkt. Außerdem sollte man die Teilkörperwaschung *(Wudu')* durchführen, bevor man sich im Zustand der großen rituellen Unreinheit zum Schlafen hinlegt.

Die Erdwaschung *(Teyemmum)*

Teyemmum ist die rituelle Erdwaschung oder Ersatzwaschung.

Der *Teyemmum* ist eine Ersatzhandlung für die Teil- oder Ganzkörperwaschung, wenn:

- nicht genügend Wasser zur Ausführung der Teil- oder Ganzkörperwaschung zur Verfügung steht,

- die begründete Befürchtung besteht, dass das Waschen mit Wasser zu gesundheitlichen Schäden oder einer Verzögerung des Heilungsprozesses führen wird.

Beim *Teyemmum* fährt man als erstes mit beiden Handflächen über reine Erde, Stein oder Sand. Danach klopft man eventuell haftengebliebene Erdreste von den Händen ab und überstreicht anschließend mit den Handflächen das Gesicht und die Arme.

Die Pflichtbestandteile der Erdwaschung *(Teyemmum)*

1. Das Fassen der Absicht.
2. Das Überstreichen von reiner Erde (oder ähnlichen Materialien, wie Stein, Sand oder Lehm) mit den Handflächen und das anschließende Überstreichen des Gesichts.
3. Das Überstreichen von reiner Erde (oder ähnlichen Materialien) mit den Handflächen und das anschließende Überstreichen der Arme.

Die Durchführung der Erdwaschung *(Teyemmum)*

Als erstes fasst man die Absicht dazu, die Erdwaschung durchzuführen. Dabei legt man gleichzeitig fest, für welche gottesdienstliche Handlung die Erdwaschung durchgeführt werden soll.

Beispiel:

„Ich fasse die Absicht, zum Wohlgefallen Allahs ﷻ, die Erdwaschung durchzuführen, um das Mittagsgebet zu verrichten."

Dabei genügt es, die Absicht mit dem Herzen zu fassen; wenn man will, kann man diese aber auch in Worten aussprechen.

Anschließend sucht man seine Zuflucht beim Erhabenen Allah vor dem verfluchten Scheytan und spricht die *Besmeleh.*

Danach drückt man beide Handflächen leicht auf die Erde und schiebt diese vor und zurück. Dabei spreizt man leicht die Finger. Anschließend hebt man die Hände an und stößt diese leicht gegeneinander, um eventuell anhaftende Erdreste abzuklopfen. Dann überstreicht man mit beiden Handinnenflächen das Gesicht. Danach drückt man die Hände ein weiteres Mal auf die Erde, schiebt diese wieder hin und her, klopft die Hände leicht aneinander und überstreicht mit der Handinnenfläche der linken Hand den rechten Arm. Dabei beginnt man beim Handrücken und streicht von diesem hoch bis zum Ellenbogen und von dort auf der Innenseite des Armes wieder zurück bis zur Innenseite der Hand. Danach verfährt man genauso mit dem linken Arm: Man überstreicht mit der Handinnenfläche der rechten Hand den linken Arm, vom Handrücken bis zum Ellenbogen, und fährt dann mit der Innenseite des Arms fort. Damit wäre die Erdwaschung abgeschlossen.

Die Erdwaschung kann – wenn die oben genannten Entschuldigungsgründe vorliegen – sowohl als Ersatz für die Teilkörper- als auch für die Ganzkörperwaschung durchgeführt werden. Nach der Durchführung der Erdwaschung kann man so viele Pflichtgebete und so viele freiwillige Gebete verrichten, wie man möchte.

Alle Umstände, die die Teilkörperwaschung *(Wudu')* ungültig werden lassen, lassen auch die Erdwaschung *(Teyemmum)* ungültig werden. Hat man die Erdwaschung durchgeführt, weil man nicht genug Wasser für die Durchführung der rituellen Reinigung zur Verfügung hatte, dann verliert die Erdwaschung ihre Gültigkeit, sobald der Wassermangel behoben und wieder genügend Wasser zur Durchführung der Teil- bzw. Ganzkörperwaschung vorhanden ist. Hat man die Erdwaschung durchgeführt, weil eine Notsituation, wie Krankheit oder Verwundung, die eine Waschung mit Wasser unmöglich machte, vorlag, dann wird die Erdwaschung ab dem Moment ungültig, ab dem diese Notsituation behoben ist (also die Wunden soweit abgeheilt sind, dass man sie wieder mit Wasser benetzen kann oder die Krankheit abgeklungen ist).

Blutungen der Frauen

Es gibt drei spezielle Arten der Blutungen bei Frauen:

1. Regelblutungen.
2. Wochenbettblutungen.
3. Zwischenblutungen.

Wie man erkennen kann, um welche Art der Blutung es sich handelt und wie man sich richtig zu verhalten hat, wenn diese Blutungen auftreten, soll im Folgenden kurz erläutert werden:

Die Regelblutungen

Bei Regelblutungen handelt es sich um Blutungen, die ihren Ursprung in der Gebärmutter der Frau haben. Mit der Menarche eines Mädchens, also mit ihrer ersten Regelblutung, setzt die Geschlechtsreife ein. Dies geschieht frühestens mit neun Jahren. Blutungen die vor diesem Alter auftreten gelten nicht als Monats-, sondern als Zwischenblutungen. Sobald ihre erste Monatsblutung eingesetzt hat, gilt ein Mädchen – religiös betrachtet – als Erwachsene (*Mukellefeh*).

Die Regelblutungen enden mit der Menopause. Frauen kommen für gewöhnlich spätestens mit 55 Jahren in die Menopause.

Eine Blutung gilt erst dann als Menstruation, wenn sie mindestens drei Tage lang andauert. Die Höchstdauer der Menstruation beträgt zehn Tage. Dabei spielt es keine Rolle, ob dabei das Blut fortwährend fließt oder nicht. Es ist ganz normal, dass während der Menstruation das Blut nicht fortwährend fließt, sondern dass die Blutungen zwischenzeitlich immer wieder aussetzen.

Die Dauer der Periode beträgt also drei bis zehn Tage und ist nicht bei allen Frauen gleich lang. Bei manchen Frauen dauert sie fünf, bei anderen sieben und wieder bei anderen neun Tage. Außerdem kann sich die Dauer der Monatsblutungen im Laufe des Lebens einer Frau auch immer wieder einmal verändern.

Solange die Blutungen während der Menstruation noch nicht vollständig abgeklungen sind, gilt die Regel der Frau noch nicht als beendet. Das Menstruationsblut kann die Farben schwarz, rot, grün, gelb, grau oder braun annehmen. Meist ist das Blut zu Beginn der Periode eher dunkel und zu deren Ende hin wird es immer heller. Bei vielen Frauen zeigt das Ausscheiden eines klaren Sekrets das Ende der monatlichen Blutungen an.

Die Frau muss ihrem Ehemann wahrheitsgemäß Auskunft darüber erteilen, ob sie ihre Periode hat oder nicht: Sie darf ihm ihre Regel nicht verheimlichen, wenn sie diese hat und ihm diese nicht vortäuschen, wenn sie diese nicht hat.

Wochenbettblutungen

Blutungen, die nach einer Entbindung auftreten, werden Wochenbettblutungen genannt. Die Höchstdauer des Wochenbetts beträgt 40 Tage. Eine Mindestdauer für das Wochenbett gibt es nicht. So gilt jede Blutung, die nach der Geburt auftritt, als Wochenbettblutung, auch wenn sie nur einen kurzen Zeitraum lang andauert.

Enden die Wochenbettblutungen einer Frau vor der Vierzigtagesfrist, also beispielsweise nach zehn, fünfzehn oder zwanzig Tagen, dann führt sie die Ganzkörperwaschung durch und verrichtet danach wieder wie gewohnt ihre Gebete.

Ab diesem Zeitpunkt darf sie auch wieder mit ihrem Ehemann geschlechtlich verkehren.

Wenn bei einer Frau nach der Entbindung keine Wochenbettblutungen auftreten, dann sollte sie trotzdem sicherheitshalber die Ganzkörperwaschung *(Ghusl)* durchführen, bevor sie ihr erstes Gebet nach der Entbindung verrichtet.

Handlungen, die während der Periode und des Wochenbetts verboten sind

1. Das Verrichten des Gebets.
2. Das Fasten.
3. Das Berühren des Edlen Quran und dessen Rezitation sowie das Aufsagen von Quranversen aus dem Gedächtnis.[36]
4. Das Betreten von Gebetsstätten.
5. Die Umrundung der *Kaaba*.
6. Der Geschlechtsverkehr.

Gebete, die während der Regel- oder Wochenbettblutungen nicht verrichtet werden konnten, müssen nicht nachgeholt werden, versäumte Fastentage hingegen schon.

Nachdem die Regel- oder die Wochenbettblutungen vollständig abgeklungen sind, muss man eine Ganzkörperwaschung durchführen, bevor man bestimmte gottesdienstliche

36 Quranverse dürfen nur dann rezitiert werden, wenn diese die Funktion eines Bittgebets haben und als Bittgebet rezitiert werden. Darüber hinaus ist es den Frauen aber gestattet, Allahs ﷻ zu gedenken (*Dhikr*), Segenswünsche an den Propheten Muhammed ﷺ auszusprechen und religiöse Bücher zu lesen.

Handlungen, wie das Gebet oder die Umrundung der *Kaaba*, durchführen darf.

Zwischen- und *Udhr*-Blutungen[37]

Unterleibsblutungen, die weniger als drei Tage lang andauern, werden als Zwischenblutungen bezeichnet. Genauso verhält es sich mit Blutungen, die nach dem zehnten Tag der Periode oder nach dem vierzigsten Tag im Wochenbett auftreten.

Religiös betrachtet besteht kein Unterschied zwischen Zwischenblutungen, die aus dem Unterleib austreten, und Blutungen, die aus anderen Körperstellen austreten. Dies bedeutet, dass Zwischenblutungen lediglich die Gültigkeit der Teilkörperwaschung (Wudu‘) aufheben und nicht die Durchführung einer Ganzkörperwaschung erfordern.

Zwischenblutungen entstehen nicht in der Gebärmutter, sondern dieses Blut entstammt Adern im Vaginalbereich. Alle Unterleibsblutungen, die nicht als Regel- oder Wochenbettblutungen gelten, sind Zwischenblutungen. So sind also alle Blutungen, die nach der Zehntagesfrist der Monatsblutungen und der Vierzigtagesfrist der Wochenbettblutungen auftreten, Zwischenblutungen.

Ferner wird vorausgesetzt, dass zwischen zwei Monatsblutungen mindestens 15 Tage vergangen sein müssen. Bekommt die Frau

---

37 *Udhr* bedeutet wörtlich „Entschuldigungsgrund“. Im islamischen Recht wird mit *Udhr* ein bestimmter Zustand (durch Dauerblutungen, Inkontinenz oder andere körperliche Beschwerden, die die Teilkörperwaschung ungültig werden lassen und die über eine komplette Gebetszeit hinweg anhalten) bezeichnet, der gewisse Vereinfachungen mit sich bringt.

vor Ablauf dieser Frist Blutungen, so gelten diese wiederum als Zwischenblutungen und nicht als Monatsblutungen.

Nachdem die Zwischenblutungen länger als eine gesamte Gebetszeit angedauert haben, tritt die Frau in den sogenannten *Udhr*-Zustand ein. *Udhr* bedeutet Entschuldigungsgrund. Die Frau befindet sich im *Udhr*-Zustand also in einem Zustand, in dem ein Entschuldigungsgrund vorliegt und sie deshalb gewisse Erleichterungen bei der rituellen Reinigung in Anspruch nehmen kann.

Der *Udhr*-Zustand endet wieder, nachdem die Blutungen über eine gesamte Gebetszeit hinweg ausgeblieben sind.

Eine Person, die sich im *Udhr*-Zustand befindet, geht folgendermaßen vor: Sie wartet bis zum Eintritt der Gebetszeit. Erst danach wäscht sie sich. Sollte sie die Teilkörperwaschung *(Wudu')* schon vor Anbruch der neuen Gebetszeit durchführen, so verliert diese mit dem Anbruch der neuen Gebetszeit automatisch ihre Gültigkeit. Mit dieser Teilkörperwaschung darf sie bis zum Eintritt der nächsten Gebetszeit so viele Pflicht- und *Sunneh*-Gebete verrichten wie sie möchte, solange ihre Teilkörperwaschung nicht aus einem anderen Grund als dem Entschuldigungsgrund ungültig geworden ist. Dabei darf sie versäumte Gebete nachholen, den Edlen Quran berühren und rezitieren, das Totengebet verrichten und die *Kaaba* umrunden. Erst mit dem Anbruch einer neuen Gebetszeit verliert die Teilkörperwaschung automatisch ihre Gültigkeit und muss erneut durchgeführt werden.

Wenn der Austritt von unreinen Substanzen aus dem Körper (wie Blut, Eiter oder Urin) der Grund für den Eintritt in den *Udhr*-Zustand war, dann muss Kleidung, die durch diese Substanzen verunreinigt wurde, nicht extra gereinigt werden, wenn damit gerechnet werden muss, dass die Kleidung bis zum Ende des Gebets erneut verunreinigt wird. Wenn man hingegen davon ausgeht, dass die Kleidung nach einer Reinigung von diesen unreinen Substanzen bis zum Ende des Gebets sauber bleiben wird, so muss diese vor dem Gebet gereinigt oder gewechselt werden und es darf nicht mit der verunreinigten Kleidung gebetet werden.

Wenn es möglich ist, die Ausscheidungen durch einen Eingriff – wie beispielsweise das Anlegen eines Verbandes – zu stoppen und dadurch den *Udhr*-Zustand zu beenden, dann soll man dies auch tun.

All diese Erleichterungen sind eine Gnade Allahsﷻ. Er hat diese den Muslimen gewährt, um damit Seinem Propheten Muhammedﷺ eine Ehre zu erweisen.

Der Gebetsruf *(Edhan)*

Edhan bedeutet wörtlich: „Bekanntmachung, Ankündigung oder Aufruf".

Auf die Religion bezogen ist der *Edhan* die Ankündigung des Pflichtgebets durch das Ausrufen des *Edhan*-Textes.

Der Prophetﷺ setzte im ersten Jahr nach der *Hidschreh* (der Auswanderung aus Mekka) den Wortlaut des *Edhan* fest und schrieb vor, dass dieser vor allen Pflichtgebeten ausgerufen wird. Seitdem werden mit dem *Edhan* sowohl die fünf täglichen Pflichtgebete als auch das Freitagsgebet angekündigt. Der *Edhan* darf – wie die *Iqameh* auch – ausschließlich von Männern gerufen werden.

Der *Edhan*-Text lautet folgendermaßen:

اللّٰهُ أَكْبَرُ اللّٰهُ أَكْبَرُ اللّٰهُ أَكْبَرُ اللّٰهُ أَكْبَرُ

أَشْهَدُ أَنْ لَا إِلٰهَ إِلَّا اللّٰهُ أَشْهَدُ أَنْ لَا إِلٰهَ إِلَّا اللّٰهُ

أَشْهَدُ أَنَّ مُحَمَّدًا رَسُولُ اللّٰهِ أَشْهَدُ أَنَّ مُحَمَّدًا رَسُولُ اللّٰهِ

حَيَّ عَلَى الصَّلَاةِ حَيَّ عَلَى الصَّلَاةِ

حَيَّ عَلَى الْفَلَاحِ حَيَّ عَلَى الْفَلَاحِ

Dieser Text wird vor allen Pflichtgebeten ausgerufen. Beim Morgengebet wird zusätzlich zu dem gewohnten Text nach dem zweimaligen Ausruf „Hayye alel Felah" („Beeilt euch zum Heil zu kommen!") zweimal „Es-Salatu khayrun mine Newm" („Das Gebet ist besser als der Schlaf!") eingefügt. Der übrige Text bleibt unverändert.

Die Anstandsregeln beim *Edhan*

Sobald damit begonnen wird, den *Edhan* auszurufen, brechen die Gläubigen ihre Privatgespräche ab und setzen sich mit dem Gesicht Richtung *Qibleh* auf den Boden der Moschee. Dabei sprechen sie leise den Wortlaut der einzelnen Passagen des *Edhan* nach. Wenn der Gebetsrufer „Hayye ale Salah" („Beeilt euch, zum Gebet zu kommen!") oder „Hayye alel Felah" („Beeilt euch, zum Heil zu kommen!") ausruft, sagt man leise: „La Hawleh we la Quwweteh illa Billahil Aliyyil Adhim" [„Es gibt keine Macht (um ein Unheil abwenden zu können) und keine Fähigkeit (um Allah dem Erhabenen gehorsam sein zu können) außer durch (die Barmherzigkeit und den Großmut) Allahs, des Hocherhabenen und Allgewaltigen!"].

Nachdem der *Edhan* beendet wurde, spricht man folgendes Bittgebet:

اللَّهُمَّ رَبَّ هَذِهِ الدَّعْوَةِ التَّامَّةِ وَالصَّلاَةِ الْقَائِمَةِ آتِ مُحَمَّدًا الْوَسِيلَةَ وَالْفَضِيلَةَ وَابْعَثْهُ
مَقَامًا مَحْمُودًا الَّذِي وَعَدْتَهُ

„O Herr dieses vollkommenen Aufrufs und des anstehenden Gebets! Schenke Muhammed die Wesile [ein bestimmtes Fürspracherecht] und die Fadileh [bestimmte göttliche Gaben und Vergünstigungen] und verleihe ihm jenen gelobten Rang, den Du ihm versprachst.“

Die Aufforderung zum Gebet *(Iqameh)*

Iqameh bedeutet wörtlich: „Aufstehen, Sichaufrichten, Sicherheben.“

Auf die Religion bezogen ist die *Iqameh* die Aufforderung an die Gläubigen, sich zum Pflichtgebet zu erheben. Die *Iqameh* kündigt also den Beginn des Gebets an, das unmittelbar an die *Iqameh* verrichtet wird. Ihr Text entspricht genau dem des *Edhan*, außer dass bei der *Iqameh* nach dem zweimaligen Ausruf „Hayye alel Felah“ (Beeilt euch, zum Heil zu kommen!“) zusätzlich der zweimalige Ausruf „Qad qameti Salah“ („Das Gebet hat bereits begonnen!“) eingefügt wird.

Das Gebet (Salah)

Im Islam wird der Verrichtung des Gebets – gleich nach dem Glauben (*Iman*) im Herzen des Menschen – der höchste Stellenwert beigemessen. Deshalb können die fünf täglichen Pflichtgebete auch als Stützpfeiler des Islam betrachtet werden:

Würden diese Stützpfeiler wegbrechen, würde auch die Religion eines Menschen in sich zusammenstürzen.

Wenn der Gläubige seine Pflichtgebete gewissenhaft ausführt, dann öffnet Allah der Erhabene ihm die Pforten Seiner Schatzkammern und verhilft ihm zu seinem Heil.

Unser ehrenwerter Prophet Muhammed ﷺ sagte dazu:

مِفْتَاحُ الْجَنَّةِ الصَّلاَةُ

„Das (Pflicht-)Gebet ist der Schlüssel zum Paradies!“[38]

Wer seine Gebete gewissenhaft ausführt, bewahrt seinen Glauben und schützt seine Religion.

Allah der Erhabene sagt dazu im Edlen Quran Folgendes:

„Doch wenn ihr in Sicherheit seid, dann verrichtet das Gebet [auf normale Weise]. Siehe, den Gläubigen ist das Gebet zu bestimmten Zeiten [also fünfmal täglich] eine Pflicht.“[39]

Wenn man die folgenden drei Voraussetzungen erfüllt, ist man dazu verpflichtet, das fünfmal tägliche Gebet zu verrichten:

1. Wenn man Muslim ist,
2. seine Geschlechtsreife erlangt hat und
3. im Vollbesitz seiner geistigen Kräfte ist

38 Tirmidhi: Tahareh, 4; Ahmed: Musned, III/340.
39 4. Sure: En-Nisa', Vers 103.

Die Pflichten *(Fard)* des Gebets

Um sicherzustellen, dass sein Gebet gültig ist, muss der Muslim sowohl vor als auch während des Gebets folgende Pflichten erfüllen:

Pflichten, die vor dem Gebet zu erfüllen sind:

1. Die Herbeiführung des Zustands der rituellen Reinheit:

Das Gebet darf ausschließlich im Zustand der rituellen Reinheit (*Tahareh*) verrichtet werden. Wer sich im Zustand der kleinen rituellen Unreinheit (*Hadeth*) befindet, muss vor dem Gebet die Teilkörperwaschung durchführen. Wer sich im Zustand der großen rituellen Unreinheit (*Dschenabeh*) befindet, muss vor dem Gebet die Ganzkörperwaschung durchführen.

Frauen, deren Monats- oder Wochenbettblutungen komplett zum Stillstand gekommen sind, müssen zuerst die rituelle Ganzkörperwaschung durchführen, bevor sie wieder das Gebet verrichten dürfen.

2. Die Beseitigung von materiellen Verunreinigungen (Nedschaseh):

Der Betende muss seinen Körper, seine Kleidung und seinen Gebetsplatz vor schwach und stark verunreinigenden Substanzen schützen oder sich von diesen reinigen, falls sie so stark verunreinigt sind, dass dies zu einer Ungültigkeit des Gebets führen würde.

3. Die Bedeckung des Schambereichs:

Es ist nicht erlaubt, mit entblößtem Schambereich zu beten. Der Schambereich des Mannes reicht von seinem Bauchnabel bis unter seine Knie. Der Schambereich der Frau umfasst ihren gesamten Körper, außer ihr Gesicht, ihre Hände und ihre Füße.

4. Die Beachtung der vorgegebenen Gebetszeiten:
Alle Gebete müssen in den dafür vorgeschriebenen Gebetszeiten verrichtet werden. Sollte man ein Gebet vor dem Anbruch seiner Gebetszeit verrichten, dann muss man dieses nach dem Anbruch der Gebetszeit nochmals beten. Wer sein Gebet verrichtet, nachdem eine Gebetszeit bereits zu Ende ist und dafür keinen Entschuldigungsgrund[40] vorzuweisen hat, hat eine große Sünde begangen und muss dafür Allah den Erhabenen aufrichtig um Verzeihung bitten (*Tewbeh*).

5. Die Hinwendung zur Gebetsrichtung *(Istiqbalul Qibleh)*:
Der Betende muss sich beim Gebet der *Kaaba* zuwenden.

6. Das Fassen der Absicht *(Niyyeh)*:
Die Absicht zum Gebet wird unmittelbar vor dem Beginn des Gebets (also unmittelbar vor dem Ausruf „Allahu Ekber") gefasst. In der Absicht muss die Art des Gebets (Pflicht-, *Sunneh*- oder freiwilliges Gebet) und der richtige Zeitpunkt des Gebets (also ob es sich um das Morgen-, Mittags-, Nachmittags-, Abend- oder Nachtgebet handelt) enthalten sein.

Die Pflichtbestandteile *(Fard)* des Gebets

1. Der Eröffnungs-*Tekbir*:
Man beginnt das Gebet, indem man die Formel: „Allahu Ekber" ausspricht. Dabei ist das Aussprechen des Namens „Allah" *Fard*

40 Als Entschuldigungsgrund gelten hierbei beispielsweise das Verschlafen oder das Vergessen des Gebets, die zeitweilige Ohnmacht oder der zeitweilige Wahnsinn.

(also absolut verpflichtend) und das Aussprechen des Wortes „Ekber“ *Wadschib* (also verpflichtend).

2. Das Stehen *(Qiyam)*:
Das Stehen ist in *Fard*- und *Wadschib*-Gebeten absolut verpflichtend. Wenn man aber so krank oder so körperlich eingeschränkt ist, dass man das Gebet nicht im Stehen verrichten kann, dann darf man dieses auch im Sitzen tun. Sofern dies möglich ist, ist aber dabei darauf zu achten, dass man hierbei eine möglichst ehrfürchtige Position einnimmt.

3. Die Rezitation *(Qirat)*:
In den ersten beiden Gebetseinheiten des Pflichtgebets und in allen Gebetseinheiten aller übrigen Gebete ist es absolut verpflichtend, mindestens einen Vers aus dem Edlen Quran zu rezitieren.

4. Die Verbeugung *(Ruku‘)*:
Zwischen dem Stehen und der Gebetsniederwerfung ist es absolut verpflichtend, eine Verbeugung auszuführen. Dabei legen Männer ihre Arme auf ihre Kniescheiben und strecken ihre Beine durch. Auf diese Weise nimmt ihr Oberkörper eine waagerechte Position ein, die parallel zum Boden verläuft. Frauen beugen ihren Oberkörper hingegen nur leicht nach vorne und senken dabei ihren Kopf ein wenig.

5. Die Niederwerfung *(Sedschdeh*, pl. *Sudschud)*:
Nach der Verbeugung ist es absolute Pflicht *(Fard)*, sich auf den Boden niederzuwerfen. Dabei berührt man mit dem Gesicht den Boden, indem man seine Stirn und seine Nasenspitze auf den Boden drückt. Wer so krank oder so körperlich eingeschränkt ist, dass er die Niederwerfung nicht vollständig ausführen kann, deutet diese lediglich an, indem er seinen Kopf ein wenig nach vorne beugt.

6. Das Endsitzen *(El-Dschilsetul Akhira)*:
Am Ende eines jeden Gebets begibt man sich in die sogenannte „Endsitzung“. Hierbei muss man mindestens solange sitzen bleiben, wie das Aufsagen des Bittgebets *Ettehiyyatu* dauert. Dabei ist das Sitzen während dieses Zeitraums *fard*, das Aufsagen des *Ettehiyyatu wadschib*. Wer die Endsitzung am Schluss des Gebets weglässt, dessen Gebet ist ungültig.

Die *Wadschib*-Handlungen des Gebets

Die *Wadschib*-Handlungen sind ebenfalls wichtige Bestandteile des Gebets. Wer sie auslässt oder mit Verzögerung ausführt, muss dafür eine Ersatzniederwerfung (*Sedschdetu Sehw*) als Entschädigungsleistung ausführen, damit das Gebet nicht mit einem schweren Makel (*mekruh*) belastet ist. Deshalb muss der Muslim alle *Wadschib*-Handlungen kennen.

Welcher Wert den *Wadschib*-Handlungen unter den islamischen Rechtsgelehrten beigemessen wird, zeigt auch, dass viele Handlungen, die in der hanefitischen Rechtsschule *wadschib* sind, in den drei anderen Rechtsschulen als *Fard* eingestuft werden. Daher sollte man die Ausführung der *Wadschib-Handlungen* sehr ernst nehmen und diese auf keinen Fall vernachlässigen.

Folgende Bestandteile des Gebets sind wadschib:

1. Das Anfügen des Wortes „Ekber“ an das Wort „Allah“ beim Eröffnungs-*Tekbir*. Man beginnt das Gebet also mit dem Aussprechen der Formel: „Allahu Ekber“.
2. Die Rezitation der Sure *El-Fatiha* in den ersten beiden Gebetseinheiten (*Rek'ah*) der Pflichtgebete und in allen

Rek'ah aller anderen Gebete (also in allen *Rek'ah* der *Wadschib-, Sunneh-* und freiwilligen Gebete).[41]

3. Die Rezitation einer kurzen Sure oder einiger kurzer Quranverse zusätzlich zur Rezitation der Sure *El-Fatiha* in den ersten beiden *Rek'ah* der Pflichtgebete und in allen *Rek'ah* der freiwilligen Gebete.[42]
4. Die Rezitation der Sure *El-Fatiha* vor der Rezitation der zusätzlichen Quranverse.
5. *Ta'dilul Erkan*: Dies ist die vollständige Ausführung aller Pflichtbestandteile (*Erkan*) des Gebets. Das heißt, dass der Betende darauf zu achten hat, dass er die Bewegungen im Gebet, wie die Gebetsverbeugung und die Gebetsniederwerfung, nicht hastig und in Eile ausführen darf, sondern dass er darauf zu achten hat, alle Bewegungen vollständig auszuführen und dabei alle Körperglieder vollständig zur Ruhe kommen zu lassen. So ist es etwa bei der Ausführung der Gebetsverbeugung *(Ruku')* notwendig, dass man mit dem Oberkörper so lange in einer Position parallel zum Boden verbleibt, bis alle Körperglieder vollständig zur Ruhe gekommen sind, bevor man sich wieder in die aufrechte Haltung zurückbegibt. Auch dort müssen alle Körperglieder komplett zur Ruhe gekommen sein, bevor man sich in die Gebetsniederwerfung begibt. In der Position der Niederwerfung müssen ebenfalls wieder alle Körperglieder komplett zur Ruhe gekommen sein, bevor man sich wieder aufsetzt. Dabei setzt man sich vollständig auf und wartet wieder solange, bis alle Körperglieder zur

---

41 In den anderen Rechtschulen ist die Rezitation der Sure *El-Fatiha* in den genannten Fällen absolute Pflicht (*Fard*).

42 Dabei sollte man mindestens eine kurze Sure (die kürzeste besteht aus drei Versen) oder drei kurze Quranverse rezitieren. Entspricht die Länge eines Quranverses mindestens der Länge von drei kurzen Quranversen, dann reicht dessen Rezitation ebenfalls aus.

Ruhe gekommen sind, bevor man sich erneut zu Boden wirft.

6. Das Berühren des Bodens mit der Stirn und der Nasenspitze während der Gebetsniederwerfung.
7. Die beiden Niederwerfungen innerhalb einer *Rek'ah* müssen hintereinander ausgeführt werden.
8. Das Zwischensitzen nach zwei *Rek'ah* in allen Gebeten, die aus drei oder vier *Rek'ah* bestehen.
9. Die Rezitation der *Ettehiyyatu* während des Zwischensitzens und des Endsitzens.
10. Das Aufstehen zur dritten *Rek'ah* unmittelbar nach der Beendigung der Rezitation der *Ettehiyyatu* beim Zwischensitzen.
11. Die Niederwerfung nach der Rezitation eines Quranverses, der die Niederwerfung erfordert (*Sedschdetu Tilaweh)*.
12. Die Rezitation von Bittgebeten im *Witr*-Gebet. Hierbei ist es *Sunneh*, dass man die vom Gesandten Allahsﷺ überlieferten Bittgebete spricht.
13. Die laute Rezitation der Sure *El-Fatiha* und der zusätzlichen Quranverse in den ersten beiden *Rek'ah* des Morgen-, Abend- und Nachtgebets durch den Vorbeter. Dabei sollte dieser in einer Lautstärke vortragen, in der er von allen Mitbetenden gehört werden kann. Sollte man das Gebet alleine verrichten, dann ist es einem freigestellt, ob man in diesen Gebeten laut oder leise rezitiert.
14. Die leise Rezitation des Edlen Quran im Mittags-, Nachmittags- und *Witr*-Gebet sowie in allen *Sunneh*- und freiwilligen Gebeten.
15. Die Mitbetenden schweigen im Gemeinschaftsgebet und rezitieren dort nicht selbst. In den Gebeten, in denen der Edle Quran vom Vorbeter laut vorgetragen wird, hören die Mitbetenden seiner Rezitation zu. Sie sprechen lediglich zu Beginn des Gebets leise die *Subhaneke* und während des Gebets – bei den Übergängen zur Verbeugung, den

Niederwerfungen und zum Stehen – leise die Formel „Allahu Ekber". Außerdem sprechen sie während der Verbeugung mehrmals leise: „Subhane Rabbiyel Adhim" („Erhaben ist mein Allgewaltiger Herr") und während der Niederwerfung mehrmals leise: „Subhane Rabbiyel E'la" („Erhaben ist mein Höchster Herr"). Beim Zwischen- und Endsitzen rezitieren die Mitbetenden leise die *Ettehiyyatu* und beim Endsitzen sprechen sie zusätzlich leise die Segenswünsche *Allahumme Salli* und *Allahumme Barik* und die Bittgebete *Rabbena Atina* und *Rabbenaghfirli.*

16. Die Einhaltung der vorgegebenen Reihenfolge der Pflichtbestandteile des Gebets.
17. Die Ausführung der Ersatzniederwerfung[43] zum Ende des Gebets, falls dem Betenden einer der folgenden Fehler unterlaufen sein sollte[44]: Das versehentliche Hinauszögern einer *Wadschib*- oder Pflichthandlung oder das versehentliche Unterlassen einer *Wadschib-Handlung*. Sollte man hingegen eine Pflichthandlung (*Fard*) gänzlich unterlassen haben, dann muss das Gebet nochmals verrichtet werden. Solche Fehler können nicht durch die Ausführung einer Ersatzniederwerfung wiedergutgemacht werden.
18. Der Schlussgruß am Ende des Gebets.

---

43 Im Gemeinschaftsgebet wird die Ersatzniederwerfung nur durchgeführt, wenn der Vorbeter einen Fehler gemacht hat und er die Ersatzniederwerfung gemeinsam mit der Gemeinschaft der Betenden ausführt.
Sollte einer der Mitbetenden einen Fehler gemacht haben, der eine Ersatzniederwerfung notwendig machen würde, wenn er alleine beten würde, dann führt er diese bei einem Gemeinschaftsgebet nicht aus.
Das Thema Ersatzniederwerfung wird später in diesem Buch noch näher erläutert.

44 Sollte man während ein und desselben Gebets mehrere der Fehler gemacht haben, die eine Ersatzniederwerfung erfordern, führt man die Ersatzniederwerfung trotzdem nur ein einziges Mal aus.

19. Die Einhaltung der *Wadschib*-Handlungen des Gebets. Diese dürfen absichtlich weder weggelassen noch verzögert werden.

Die *Sunneh*-Handlungen des Gebets

Allah der Erhabene hat uns die Verrichtung des Gebets aufgetragen und Sein Gesandter Muhammedﷺ lehrte uns, auf welche Weise wir das Gebet auszuführen haben. Um das Gebet auf beste Weise verrichten zu können und um sicherzugehen, dass das Gebet von Allah dem Erhabenen akzeptiert wird, muss man die *Sunneh*-Handlungen des Gebets kennen und in die Tat umsetzen.

Folgende Bestandteile des Gebets sind *Sunneh*:

1. Dass man die Absicht zur Verrichtung des Gebets unmittelbar vor der Ausführung des Eröffnungs-*Tekbirs* mit dem Herzen[45] fasst.
2. Männer heben ihre Hände beim Eröffnungs-*Tekbir* bis auf Ohrhöhe. Dabei legen sie ihre Daumen an die Ohrläppchen, spreizen ihre Finger leicht und lassen ihre Handinnenflächen in Richtung *Qibleh* zeigen. Frauen heben ihre Hände nur bis auf Schulterhöhe.
3. Beim Stehen platzieren Männer ihre Hände unterhalb des Bauchnabels. Dabei legen sie ihre rechte Hand über ihre linke Hand. Frauen legen ihre Hände beim Stehen auf die

45 Das zusätzliche leise Aussprechen der Absicht neben dem Fassen der eigentlichen Absicht mit dem Herzen wird von den Gelehrten empfohlen, wenn man Zweifel daran hat, ob man die Absicht mit dem Herzen gefasst hat oder nicht.

Brust, wobei sie ebenfalls ihre rechte Hand über ihre linke Hand legen.

4. Die Rezitation des Bittgebets *Subhaneke* zu Beginn des Gebets in einer Lautstärke, in der man sich selbst hören kann.
4. Das Sprechen der *Besmeleh* vor der Rezitation der Sure *El-Fatiha*: Wer alleine betet oder anderen vorbetet, der spricht die *Besmeleh* vor der Rezitation der *El-Fatiha*. Wer das Gebet mit der Gemeinde verrichtet, schweigt, nachdem er die *Subhaneke* gesprochen hat.
5. Nach der Rezitation der Sure *El-Fatiha* sagt man leise: „Amin".
6. Beim Übergang in die Verbeugung und die Niederwerfung sagt man: „Allahu Ekber".
7. Beim Sitzen legen Männer und Frauen ihre Hände auf ihre Knie. Männer spreizen dabei die Finger, Frauen nicht.
8. Das dreimalige Aufsagen der Formel: „Subhane Rabbiyel Adhim" in der Verbeugung.
9. Das dreimalige Aufsagen der Formel: „Subhane Rabbiyel E'la" in der Niederwerfung.
10. Nach dem Aufrichten aus der Verbeugung und dem Aufrichten aus der Niederwerfung verweilt man solange in aufrechter Körperhaltung, wie es dauern würde, in Ruhe „Subhane Allah" zu sagen.
11. In der Niederwerfung berührt der Bauch des Mannes nicht dessen Oberschenkel. Seine Unterarme berühren nicht den Boden. Außerdem spreizt er seine Ellenbogen leicht vom Oberkörper ab, damit er diesen nicht mit den Armen berührt. Dabei achtet er aber darauf, dass er seine Mitbetenden nicht in ihrem Gebet stört. Frauen halten sich in der Niederwerfung hingegen klein und kompakt, drücken ihren Bauch auf ihre Oberschenkel und berühren mit ihren Armen ihre Seiten.

12. Beim Sitzen legt man seine Hände auf die Knie und setzt sich auf seine Unterschenkel. Dabei verlagern die Männer ihr Gewicht auf den linken Unterschenkel und stellen den rechten Fuß auf die Zehenspitzen, sodass die Zehenspitzen möglichst Richtung *Qibleh* zeigen. Frauen setzen sich auf den linken Gesäßmuskel und lassen ihre beiden Füße nach rechts außen ragen. Dabei richten sie ihren rechten Fuß nicht auf.
13. Die Rezitation der Segenswünsche *Allahumme Salli* und *Allahumme Barik* sowie der Bittgebete *Rabbena Atina* und *Rabbenaghfirli* nach dem *Ettehiyyatu* beim Endsitzen.
14. Das Drehen des Kopfes nach rechts und nach links beim abschließenden Grüßen in der Endsitzung.
15. Der Vorbeter spricht beim Aufrichten aus der Verbeugung die Formel: „Semi‘ Allahu limen hamideh“ („Allah hört denjenigen, der Ihn lobt“). Anschließend sprechen er selbst und die Gemeinde leise: „Rabbena we lekel Hamd“ („Unser Herr, Dir gebührt alles Lob“). Wer das Gebet alleine verrichtet, spricht beide Formeln leise aus.
16. Die Gemeinde richtet sich nach dem Vorbeter. Dabei folgt sie ihm unmittelbar in seinen Bewegungsabläufen, ohne ihn dabei zu überholen.
17. Wenn man in der Öffentlichkeit oder auf freiem Gelände betet, steckt man vor sich einen Stock in den Boden oder stellt einen (mindestens 50 cm hohen) Gegenstand vor sich auf, damit der Platz der Gebetsniederwerfung gegenüber den Passanten abgegrenzt ist.

Die Verrichtung des Gebets

Die Verrichtung eines Gebets mit zwei Gebetseinheiten (zwei *Rek'ah*) erfolgt, unter Berücksichtigung der oben aufgeführten Pflicht-, *Wadschib* und *Sunneh*-Handlungen, folgendermaßen:

Nachdem die Gebetszeit angebrochen ist, bereitet man sich auf das Gebet vor: Falls nötig führt man die Gebetswaschung durch. Danach begibt man sich zur Gebetsstätte und wendet sich der *Qibleh* zu.

Das Fassen der Absicht *(Niyyeh):*

Mann/Frau: Man fasst die Absicht für das zu verrichtende Gebet. So sieht beispielsweise die Absichtsbekundung für das morgendliche Pflichtgebet folgendermaßen aus:

„Ich beabsichtige – für das Wohlgefallen Allahs ﷻ – das Pflichtgebet dieses Morgens zu verrichten."

Der Eröffnungs-*Tekbir:*

Mann: Man spricht den Eröffnungs-*Tekbir*. Dabei hebt man die Hände auf Ohrhöhe, berührt mit den Daumen die Ohrläppchen, wendet seine Handinnenflächen der *Qibleh* zu und spricht: „Allahu Ekber".

Frau: Man spricht den Eröffnungs-*Tekbir*. Dabei hebt man die Hände auf Schulterhöhe, wendet dabei seine Handinnenflächen der *Qibleh* zu und spricht: „Allahu Ekber".

Das Stehen *(Qiyam)*:

Mann: Man legt seine Hände unterhalb des Bauchnabels auf den Bauch und legt seine rechte Hand über die linke Hand.

Dann rezitiert man leise die *Subhaneke*, das *E'udhu Billah*[46] und die *Besmeleh*[47] und rezitiert die Sure *El-Fatiha*. Danach sagt man leise *Amin* und rezitiert eine Sure aus dem Edlen Quran oder mindestens drei kurze Quranverse.

Frau: Man legt beide Hände auf die Brust, wobei die rechte Hand auf der linken Hand ruht. Dann rezitiert man die *Subhaneke*, das *E'udhu Billah*[48] und die *Besmeleh*[49] und rezitiert die Sure *El-Fatiha*. Danach sagt man leise *Amin* und rezitiert eine Sure aus dem Edlen Quran oder mindestens drei kurze Quranverse.

Die Verbeugung *(Ruku')*:

Mann: Man verbeugt sich. Dabei streckt man den Rücken und den Nacken durch, umfasst mit den Händen die durchgedrückten Knie und spreizt dabei ein wenig seine Finger. In der Verbeugung spricht man mindestens dreimal: „Subhane Rabbiyel Adhim" („Erhaben ist mein Allgewaltiger Herr").

Frau: Man verneigt sich. Dabei verbeugt man sich nur leicht und legt die Hände auf die Knie, ohne dabei die Finger zu spreizen. In der Verneigung spricht man mindestens dreimal: „Subhane Rabbiyel Adhim" („Erhaben ist mein Allgewaltiger Herr").

---

46 Dies ist das Aussprechen der Formel: „E'udhu Billahi minesch Scheytan er-Radschim" („Ich suche meine Zuflucht bei Allah vor dem gesteinigten Satan").

47 Dies ist das Aussprechen der Formel: „Bismillah er-Rahman er-Rahim" („Mit dem Namen Allahs, des Allbarmherzigen, Allgnädigen").

48 Dies ist das Aussprechen der Formel: „Eudhu Billahi minesch Scheytan er-Radschim" („Ich suche meine Zuflucht bei Allah vor dem gesteinigten Satan").

49 Dies ist das Aussprechen der Formel: „Bismillah er-Rahman er-Rahim" („Mit dem Namen Allahs, des Allbarmherzigen, Allgnädigen").

Das Zwischenstehen:

Mann/Frau: Man richtet sich auf und spricht dabei: „Semi' Allahu limen hamideh" („Allah hört denjenigen, der Ihn lobt"). Im Stehen sagt man leise: „Rabbena we lekel Hamd" („Unser Herr, Dir gebührt alles Lob").

Daraufhin spricht man den *Tekbir* („Allahu Ekber") und geht in die Niederwerfung über.

Die erste Niederwerfung *(Sedschdeh)*:

Mann: Man wirft sich nieder. Dabei setzt man der Reihe nach zuerst die Knie, dann die Hände und schließlich Stirn und Nase auf den Boden auf. Die Ellbogen werden so weit vom Oberkörper abgespreizt, dass die Arme diesen nicht berühren. Der Bauch berührt nicht die Oberschenkel. Beide Füße werden so auf den Zehenspitzen aufgestützt, dass diese in Richtung *Qibleh* zeigen. Die Füße heben nicht vom Boden ab. In der Niederwerfung spricht man dreimal leise: „Subhane Rabbiyel E'la" („Erhaben ist mein Höchster Herr"). Danach spricht man den *Tekbir* und setzt sich aufrecht hin.

Frau: Man wirft sich nieder. Dabei liegen die Arme eng am Körper an und der Bauch berührt die Knie. In der Niederwerfung spricht man dreimal leise: „Subhane Rabbiyel E'la" („Erhaben ist mein Höchster Herr"). Danach spricht man den *Tekbir* und setzt sich aufrecht hin.

Das Sitzen zwischen zwei Niederwerfungen:

Mann: Man setzt sich aufrecht hin. Dabei werden die Hände auf die Knie gelegt und die Finger leicht gespreizt. In dieser Position verweilt man kurz, spricht den *Tekbir* und wirft sich erneut nieder.

Frau: Man setzt sich aufrecht hin. Dabei werden die Hände auf die Knie gelegt, ohne dabei die Finger zu spreizen. In dieser Position verweilt man kurz, spricht den *Tekbir* und wirft sich erneut nieder.

Zweite Niederwerfung *(Sedschdeh)*:

Mann/Frau: Man verfährt genauso wie in der ersten Niederwerfung, d.h. man spricht mindestens dreimal die Formel: „Subhane Rabbiyel E'la“ (Erhaben ist mein Höchster Herr“). Danach spricht man den *Tekbir* und steht auf, um mit der Ausführung der zweiten Gebetseinheit zu beginnen.

Zweite Gebetseinheit:

Wenn man zur zweiten Gebetseinheit aufgestanden ist, verzichtet man auf die Rezitation der *Subhaneke* und des *E'udhu Billah* und beginnt sogleich mit dem Aussprechen der *Besmeleh.* Anschließend rezitiert man die Sure *El-Fatiha* und eine zusätzliche Sure oder zusätzliche Verse aus dem Edlen Quran. Danach fährt man bis zu den beiden Niederwerfungen genauso fort, wie man dies in der ersten *Rek'ah* getan hat. Nach den beiden Niederwerfungen steht man jedoch nicht erneut auf, sondern bleibt zum Endsitzen sitzen.

Das Endsitzen *(El-Dschilsetul Akhira)*:

Mann: Man setzt sich auf seine Unterschenkel und legt beide Hände auf die Knie. Dabei spreizt man leicht seine Finger. Man richtet den rechten Fuß so auf, dass die Zehenspitzen Richtung *Qibleh* zeigen. Im Sitzen spricht man zuerst die *Ettehiyyatu*, dann die *Allahumme Salli* und die *Allahumme Barik* und anschließend die Bittgebete *Rabbena Atina* und *Rabbenaghfirli* .[50] Danach dreht man den Kopf nach rechts, blickt dabei auf seine rechte Schulter und spricht den Schlussgruß: „Esselamu aleykum we Rahmetullah" („Friede sei mit euch und der Segen Allahs"). Anschließend dreht man seinen Kopf auf die linke Seite, blickt auf seine linke Schulter und spricht abermals: „Esselamu aleykum we Rahmetullah". Damit ist das Gebet beendet.

Frau: Man setzt sich. Dabei ruht der Körper auf dem linken Gesäßmuskel und beide Füße werden nach rechts außen verlagert; der rechte Fuß wird nicht aufgerichtet. Im Sitzen spricht man zuerst die *Ettehiyyatu*, dann die *Allahumme Salli* und die *Allahumme Barik* und anschließend die Bittgebete *Rabbena Atina* und *Rabbenaghfirli*[51]. Danach dreht man den Kopf nach rechts, blickt dabei auf seine rechte Schulter und spricht den Schlussgruß: „Esselamu aleykum we Rahmetullah" („Friede sei mit euch und der Segen Allahs"). Anschließend dreht man seinen Kopf auf die linke Seite, blickt auf seine linke Schulter und spricht abermals: „Esselamu aleykum we Rahmetullah". Damit ist das Gebet beendet.

---

50 Die Texte der *Ettehiyyatu*, der *Allahumme Salli*, der *Allahumme Barik* und der Bittgebete *Rabbena Atina* und *Rabbenaghfirli* finden sich im letzten Teil dieses Büchleins.

51 Die Texte der *Ettehiyyatu*, der *Allahumme Salli*, der *Allahumme Barik* und der Bittgebete *Rabbena Atina* und *Rabbenaghfirli* finden sich im letzten Teil dieses Büchleins.

Das soeben aufgeführte Beispiel für ein Gebet mit zwei Gebetseinheiten (zwei *Rek'ah*) entspricht einem *Sunneh*-Gebet oder einem Pflicht-Morgengebet.

Das Pflichtgebet mit drei Rek'ah (Abendgebet):

Nachdem man die ersten beiden *Rek'ah* – wie oben beschrieben – verrichtet hat, folgt bei einem Gebet mit drei *Rek'ah* das Zwischensitzen. Hierbei rezitiert man die *Ettehiyyatu*, spricht anschließend den *Tekbir* und steht zur dritten *Rek'ah* auf. Diese beginnt man mit der *Besmeleh*. Anschließend rezitiert man die Sure *El-Fatiha*, ohne eine zusätzliche Sure oder zusätzliche Verse aus dem Edlen Quran zu rezitieren. Danach geht man in die Verbeugung und die Gebetsniederwerfung über. Nach der Ausführung der beiden Gebetsniederwerfungen folgt das Endsitzen. Dort rezitiert man die *Ettehiyyatu*, die Segenswünsche *Allahumme Salli* und *Allahumma Barik* und die Bittgebete *Rabbena Atina* und *Rabbenaghfirli* und beendet schließlich das Gebet mit dem Schlussgruß.

Das *Witr*-Gebet besteht ebenfalls aus drei *Rek'ah*. Dieses wird später in diesem Buch in einem eigenen Kapitel behandelt.

Das Pflichtgebet mit vier Rek'ah:

Nachdem man die ersten beiden *Rek'ah* – wie oben beschrieben – ausgeführt hat, folgt bei einem Gebet mit vier *Rek'ah* das Zwischensitzen. Danach erhebt man sich zur dritten und vierten *Rek'ah*. In diesen beiden *Rek'ah* rezitiert man nur die *Besmeleh* und die Sure *El-Fatiha* und verzichtet auf die Rezitation einer zusätzlichen Sure oder zusätzlicher Verse aus dem Edlen Quran. Man führt wie gewohnt die Verbeugungen und Niederwerfungen aus und bleibt in der vierten *Rek'ah* zum Endsitzen sitzen. Dort rezitiert man die *Ettehiyyatu*, die Segenswünsche *Allahumme Salli* und *Allahumme Barik* und die Bittgebete *Rabbena Atina* und *Rabbenaghfirli* und beendet das Gebet mit dem Schlussgruß.

Das Sunneh- und das freiwillige Gebet mit vier Rek'ah:

Bei der Verrichtung eines *Sunneh*- oder eines freiwilligen Gebets mit vier *Rek'ah* wird in jeder der vier *Rek'ah* die Sure *El-Fatiha* und zusätzlich mindestens eine kurze *Sure* oder drei kurze Quranverse bzw. ein langer Quranvers rezitiert.

Dabei beginnt man die erste *Rek'ah* mit der S*ubhaneke*, der *E'udhu Billah* und der *Besmeleh* und alle weiteren *Rek'ah* nur mit der *Besmeleh*. Nach den ersten beiden *Rek'ah* bleibt man sitzen und rezitiert die *Ettehiyyatu*. Danach steht man zur dritten Gebetseinheit auf. Diese beginnt man direkt mit der *Besmeleh*. Nach der vierten Gebetseinheit setzt man sich hin, rezitiert die *Ettehiyyatu*, die Segenswünsche *Allahumme Salli* und *Allahumme Barik* und die Bittgebete *Rabbena Atina* und *Rabbenaghfirli* und beendet das Gebet mit dem Schlussgruß.

Wenn man die *Sunneh*-Gebete vor den Pflichtgebeten des Nachmittags- und Nachtgebets ausführt, rezitiert man beim Zwischensitzen zusätzlich zur *Ettehiyyatu* die Segenswünsche *Allahumme Salli* und *Allahumme Barik*. Danach steht man auf und beginnt die dritte *Rek'ah* mit der *Subhaneke*, der *E'udhu Billahi* und der *Besmeleh* und rezitiert anschließend die Sure *El-Fatiha* und einige Quranverse. Die vierte *Rek'ah* schließt man wie gewohnt mit dem Endsitzen und dem Schlussgruß ab.

Mekruh-Zeiten

In den folgenden drei Zeitabschnitten ist es verwerflich (*mekruh*), das Gebet zu verrichten:

1. **Während des Sonnenaufgangs:**
   In der – ca. 45 minütigen – Zeitspanne zwischen dem Beginn und dem Ende des Sonnenaufgangs ist das Verrichten des Gebets *mekruh*.
2. **Während die Sonne im Zenit steht:**
   Ab ca. 30 Minuten vor dem Eintritt der Zeit des Mittagsgebets ist das Verrichten des Gebets *mekruh*.
3. **Während des Sonnenuntergangs:**
   Ab ca. 45 Minuten vor dem Eintritt des Abendgebets ist das Verrichten des Gebets *mekruh*.

Sollte man aber die Verrichtung des Nachmittagsgebets bis über den Eintritt der *Mekruh*-Zeit hinausgezögert haben, dann muss dieses – ungeachtet der *Mekruh*-Zeit – unverzüglich verrichtet werden.

Neben der Verrichtung von Gebeten in diesen drei *Mekruh*-Zeiten ist es ebenfalls *mekruh*, nach der Verrichtung des Nachmittagsgebets freiwillige Gebete zu verrichten, auch wenn die *Mekruh*-Zeit des Nachmittags noch nicht eingetreten ist.

Es ist zwar erlaubt, versäumte Pflichtgebete bis zum Beginn der *Mekruh*-Zeit des Nachmittags nachzuholen (*Qada'*), dies wird aber nicht empfohlen.

Ähnlich verhält es sich mit dem Morgengebet: Wenn man bereits das Morgengebet verrichtet hat und noch Zeit bis zum Sonnenaufgang bleibt, ist es zwar gestattet, versäumte Pflicht-

oder *Wadschib*-Gebete nachzuholen, dies wird aber ebenfalls nicht empfohlen.

Es ist ebenfalls *mekruh*, nach der Verrichtung des Morgengebets bis zum Ablauf der *Mekruh*-Zeit des Morgens freiwillige Gebete zu verrichten.

In den *Mekruh*-Zeiten ist es aber uneingeschränkt erlaubt, im Edlen Quran zu lesen, Allahs zu gedenken (*Dhikr*), Segenswünsche auf den Gesandten ﷺ auszusprechen oder ähnliche gottesdienstliche Handlungen auszuführen.

Dinge, die das Gebet ungültig werden lassen

1. Das Essen, Trinken oder Reden während des Gebets.
2. Das Lachen, Weinen, Stöhnen oder Seufzen während des Gebets.[52]
3. Das Abwenden des Körpers von der Gebetsrichtung (*Qibleh*).
4. Grundloses Husten, Räuspern oder Pusten.
5. Die fehlerhafte Rezitation des Edlen Quran, wenn dadurch dessen Bedeutung verändert wird.
6. Das dreimalige Kratzen ein und derselben Körperstelle in ein und derselben *Rek'ah*.
7. Wenn man – beispielsweise durch ungewöhnliche Bewegungen oder Körperhaltungen, die nicht zum Gebet gehören – den Anschein erweckt, dass man sich nicht im Gebet befindet.

---

52 Sollte man allerdings im Gebet weinen, weil man von der Liebe zu Allah ﷻ oder der Vorstellung der paradiesischen Seligkeit oder der Höllenqualen überwältigt wird, so beeinträchtigt dies nicht die Gültigkeit des Gebets.

8. Das gleichzeitige Abheben beider Füße vom Boden, beispielsweise durch Springen.
9. Das Aufgehen der Sonne während des Morgengebets.
10. Das Verlieren des Bewusstsein oder des Verstandes während des Gebets.
11. Das Entblößen eines Teils des Schambereichs während des Gebets, wenn dies solange andauert, dass man in dieser Zeit eine Pflichthandlung des Gebets (beispielsweise die Niederwerfung) durchführen könnte.
12. Wenn man die Ersatzwaschung ausgeführt hat, weil man nicht ausreichend Wasser zur Verfügung hatte und sich während des Gebets die Möglichkeit ergibt, die rituelle Reinigung mit Wasser durchzuführen.
13. Wenn sich in derselben Reihe direkt neben dem Mann eine Frau befindet, die dasselbe Gebet wie er hinter demselben Vorbeter wie er verrichtet oder wenn eine Frau direkt vor ihm in der Reihe steht. In diesem Fall wird das Gebet des Mannes ungültig. Darauf sollte man besonders in großen Moscheen achtgeben.

Mekruh-Handlungen im Gebet

Mit *Mekruh* bezeichnet man im Islam Handlungen, die entweder verpönt und abscheulich (*Mekruh tahrimen*) oder unerwünscht (*Mekruh tensihen*) sind. *Mekruh*-Handlungen sind also Handlungen, die das Gebet zwar nicht ungültig machen, aber dessen Belohnung schmälern und somit unbedingt zu vermeiden sind.

Der Betende begibt sich während des Gebets in die Gegenwart seines Schöpfers und Herrn[53]. Deshalb sollte er – wie er es ja auch in der Gegenwart von menschlichen Würdenträgern tut – unerwünschtes Verhalten nach Möglichkeit unterlassen, damit sein Herr mit ihm zufrieden ist. Man sollte also die *Mekruh*-Handlungen kennen, damit man diese unterlassen und so seinem Herrn bestmöglich dienen kann.

Zu den *Mekruh*-Handlungen während des Gebets gehört:

1. Das Herumspielen an den Haaren, dem Bart, dem Körper oder der Kleidung.
2. Das Verrichten des Gebets in ungeeigneter oder zerlumpter Kleidung.
3. Das Gähnen und Strecken im Gebet.
4. Das Knacken mit den Fingerknöcheln.
5. Das Schließen der Augen oder das Blicken zum Himmel.
6. Das Drehen des Kopfes nach rechts oder links. Wer sich mit seiner Brust von der Gebetsrichtung abwendet, macht sein Gebet dadurch ungültig.

---

53 Dass sich der Betende während des Gebets in die Gegenwart seines Ehrenwürdigen Schöpfers begibt, bedeutet aber nicht, dass dem Schöpfer tatsächlich ein Ort oder eine Richtung zugeordnet wird oder werden kann. Erhaben ist Allah über alle Arten der Mangelhaftigkeit, zu der auch das Bedürfnis nach einem Ort, als Voraussetzung für Seine Existenz gehört. Wenn man also sagt, dass man sich während des Gebets in der Gegenwart Allahs ﷻ befindet, dann ist diese Aussage rein metaphorisch zu verstehen. Denn natürlich ist es so, dass Allah der Erhabene nicht nur zu jeder Zeit jeden erdenklichen (materiellen und immateriellen) Ort, alle Menschen und alle Dinge sieht und hört, sondern dass Er auch Derjenige ist, Der alles erschaffen hat und für dessen Fortbestand sorgt.

7. Wenn Männer ohne Notwendigkeit das Gebet mit unbedecktem Kopf[54] verrichten.
8. Das Anlehnen oder Festhalten an einem Gegenstand, obwohl dafür kein Grund (wie Kreislaufschwäche oder körperliche Gebrechlichkeit) besteht.
9. Das Aufstehen, Verbeugen oder Niederwerfen im Gemeinschaftsgebet, bevor der Vorbeter aufsteht, sich verbeugt oder niederwirft.
10. Das Anheben der Kleidung, bevor man sich niederwirft.
11. Das Verrichten des Gebets, obwohl man zur Toilette muss. Dies ist dann *mekruh*, wenn man die Gelegenheit dazu hat, zur Toilette zu gehen.
12. Wenn man in ein und demselben Gebet in mehreren *Rek'ah* dieselbe Sure oder dieselben Quranverse rezitiert, obwohl man auch andere Suren oder Quranverse auswendig kennt, die man rezitieren könnte.
13. Das übermäßige Heben oder Senken des Kopfes während der Verbeugung.
14. Das Tragen eines Kleidungsstücks, auf dem ein Lebewesen abgebildet ist. Genauso wenig sollte sich auf dem Ort der Niederwerfung, über, neben oder vor dem Betenden die Abbildung eines Lebewesens befinden. Falls es möglich ist, sollte man solche Abbildungen vor der Verrichtung des Gebets entfernen oder zudecken.
15. Sich beim Gemeinschaftsgebet in eine der hinteren Reihen zu stellen, obwohl in einer der vorderen Reihen noch Platz ist.
16. Wenn ein Mann während der Niederwerfung seine Unterarme auf den Boden legt (Frauen halten ihre Arme eng am Körper und dürfen ihre Unterarme auf den Boden legen).

---

54 Männer sollten während des Gebets eine sogenannte „Takke“ (Gebetsmütze) oder einen Turban tragen.

17. Die Verrichtung des Gebets in Kleidung, die von Dingen verunreinigt ist, die das Gebet nicht ungültig werden lassen (wie beispielsweise Farbe, Motoröl oder Lehm).

    Im Gebet sollte man möglichst schöne und saubere Kleidung tragen.

    Wenn man sich über etwas ärgert, sehr nachdenklich oder gestresst ist oder Aufgaben zu erledigen hat, die einen geistig sehr beschäftigen, dann sollte man versuchen, sich zuerst zu sammeln und seine volle geistige Aufmerksamkeit auf das Gebet zu lenken, bevor man dieses verrichtet. Wenn noch ausreichend Zeit zur Ausführung des Gebets besteht, dann sollte man diese Zeit nutzen, um zur Ruhe zu kommen oder diejenigen Aufgaben zu erledigen, die einen vom Gebet ablenken, damit man sich danach mit ruhigem Kopf voll und ganz dem Gebet widmen kann.

    Genauso wenig sollte man beten, wenn das Essen bereits auf dem Tisch steht oder wenn man so hungrig ist, dass einen der Hunger vom Gebet ablenken könnte. In diesen Fällen sollte man zuerst essen, bevor man das Gebet verrichtet (sofern noch ausreichend Zeit dafür verbleibt). Am besten ist es daher, die Essenszeiten außerhalb der (empfohlenen) Gebetszeiten zu legen.

Der Gottesfreund Hasan el-Basri – möge Allah ihm barmherzig sein – sagte:

„Ein Gebet, das nicht mit der (notwendigen) inneren Ruhe verrichtet wird, wird eher bestraft als belohnt.“

Die Demut *(Khuschu')* im Gebet

Die Befolgung der oben aufgeführten Handlungsweisen und Anstandsregeln soll sicherstellen, dass der Betende das Gebet in gebührender Weise verrichtet und so das Wohlgefallen Allahs erlangt. Neben der Einhaltung der erwähnten zwölf Voraussetzungen (also die sechs Pflichten vor dem Gebet und die sechs Pflichten des Gebets) für die Gültigkeit des Gebets ist es aber ebenfalls die Pflicht (*Fard*) des Betenden, dass er sein Gebet mit Aufrichtigkeit und Hingabe (*Ikhlas*), also demütig und das Wohlgefallen Allahsﷻ anstrebend, verrichtet.

Demut im Gebet bedeutet, dass man sich der Allgegenwart Allahsﷻ bewusst ist. Demut ist die Gewissheit, dass man zu jeder Zeit und an jedem Ort unter der Beobachtung Allahsﷻ steht. Wer diesen Bewusstseinszustand erreicht hat, verrichtet sein Gebet in Ehrfurcht, Ehrerbietung und mit innerer Ruhe.

Die Verrichtung des Gebets sollte daher nicht nur auf die Ausführung der verschiedenen Bewegungsabläufe beschränkt bleiben. Der Muslim darf das Gebet nicht als eine Bürde betrachten oder als eine Schuld, von der es sich zu befreien gilt, sondern er sollte sich im Gegenteil dessen bewusst sein, dass das Gebet die höchste Form des Gottesdienstes ist und die schönste Art, Allah den Erhabenen zu preisen, Ihm zu danken und Ihm seine Ehrerbietung zu erweisen.

Als niedrigste Stufe der Demut gilt, dass sich der Betende für einen kurzen Moment im Gebet der Allgegenwart Allahsﷻ bewusst wird.

Unser edler Prophet Muhammed ﷺ sagte dazu:

إذا قمت في صلاتك فصل صلاة مودع

„Wenn du zu deinem Gebet aufstehst, dann bete (dieses Gebet so), als würdest du das Gebet eines Menschen verrichten, der sich (gerade von seinem Leben) verabschiedet.“[55]

Das Gemeinschaftsgebet

Das Verrichten des Gebets mit der Gemeinde zählt zu den starken prophetischen Traditionen (*Sunneh Mu'ekkede*). Es kommt dem *Wadschib* nahe. *Sunneh Mu'ekkede*-Handlungen sind Handlungen, die unser Prophet Muhammed ﷺ kontinuierlich ausführte. Er unterließ diese Handlungen nur in Ausnahmefällen und hielt die Muslime stets zu deren Ausführung an.

Das Gebet gemeinschaftlich zu verrichten ist eine *Sunneh*, die nur für Männer gilt. Wenn Frauen untereinander das Gemeinschaftsgebet verrichten – wobei eine Frau den anderen Frauen vorbetet – so ist dies keine *Sunneh*.

Unser edler Prophet Muhammed ﷺ sagte:

صَلاَةُ الْجَمَاعَةِ تَفْضُلُ صَلاَةَ الْفَذِّ بِسَبْعٍ وَعِشْرِينَ دَرَجَةً

„Das Gemeinschaftsgebet übertrifft das Gebet, das man alleine verrichtet, um 27 Stufen.“[56]

---

55 Ibn Madscheh: Zuhd, 15; Ahmed: Musned, 5/412.

56 Bukhari: Edhan, 30-31; Tirmidhi: Mewaqit, 47; Nesa'i: Imameh, 42; Ibn Madscheh: Mesadschid, 16.

Damit ein Gebet zum Gemeinschaftsgebet wird, müssen daran mindestens zwei Personen teilnehmen: Der *Imam* (Vorbeter) und ein Mitbetender.

Das Freitagsgebet ist ein Sonderfall des Gemeinschaftsgebets. Es kann nicht alleine verrichtet werden, sondern nur in der Gemeinschaft. Hier muss die Gemeinde aus mindestens drei Personen bestehen, damit es gültig ist: Dem *Imam* und zwei weiteren Mitbetenden.

Während des Gemeinschaftsgebetes rezitiert nur der Vorbeter; die Mitbetenden sprechen die Sure *El-Fatiha* und die zusätzlichen Quranverse nicht mit. Sie rezitieren lediglich zu Beginn des Gebets leise die *Subhaneke* und schweigen dann. Wenn der *Imam* laut rezitiert, hören sie ihm zu, wenn der *Imam* leise rezitiert, verharren sie schweigend. Bei der Verbeugung, der Niederwerfung und dem Sitzen sprechen sie die entsprechenden Formeln und Bittgebete. Wenn der Vorbeter den *Tekbir* ausspricht, um den Übergang in die nächste Gebetsstellung auszurufen, dürfen die Mitbetenden diesen *Tekbir* leise mitsprechen. Zum Ende des Gebets spricht die Gemeinde gemeinsam mit dem *Imam* leise den Schlussgruß aus.

Das Nachholen von versäumten Gebeten *(Qada‘)*

Wenn das Gebet innerhalb seiner Gebetszeit verrichtet wird, nennt man dies *Eda‘*. Wenn man es versäumt hat, das Gebet zu seiner Zeit zu verrichten, dann muss dieses nachgeholt werden. Diesen Vorgang bezeichnet man als „*Qada‘*“. Wenn man ein Gebet, das man bereits zuvor verrichtet hat, aus irgendeinem Grund wiederholt, bezeichnet man diesen Vorgang als „*I‘ade*“.

Wer bestreitet, dass die Verrichtung des fünfmal täglichen Gebets eine religiöse Pflicht ist, der fällt dadurch vom Glauben ab *(Kufr)*.

Wer das Pflichtgebet vernachlässigt, auch ohne zu bestreiten, dass seine Verrichtung eine religiöse Pflicht ist, begeht eine große Sünde.

Wer ein Pflichtgebet – aufgrund einer Notsituation[57] – nicht innerhalb seiner vorgeschriebenen Zeit verrichten konnte, der holt dieses folgendermaßen nach:

Es ist *Sunneh*, dass Männer zuerst den *Edhan* und die *Iqameh* vortragen, bevor sie ein versäumtes Pflichtgebet nachholen. Frauen tragen hingegen weder den *Edhan* noch die *Iqameh* vor, bevor sie ein versäumtes Pflichtgebet nachholen.

Wer ein Pflichtgebet nachholt, muss sich im Klaren darüber sein, welches Gebet er nachholen möchte, denn er muss die entsprechende Absicht dazu fassen. Kann man sich an den Tag und die Gebetszeit des nachzuholenden Gebetes erinnern, dann fasst man seine Absicht dementsprechend. Kann man sich nicht daran erinnern, dann empfiehlt es sich, die Absicht auf folgende Weise zu fassen:

„Ich beabsichtige, für das Wohlgefallen Allahs das zuletzt versäumte Pflichtgebet [beispielsweise] des Morgens nachzuholen."

Wenn ein Mann mehrere Gebete nachholen will, dann ruft er zu Beginn dieses Vorgangs den *Edhan* aus. Dieser gilt dann für alle

57 Es muss also ein triftiger Entschuldigungsgrund vorliegen, damit man ein Gebet über seine Zeit hinaus verschieben darf, wie beispielsweise das Verschlafen oder das Vergessen des Gebets oder Ohnmacht.

Gebete, die er im Anschluss daran nachholt. Er spricht aber für jedes nachzuholende Gebet jeweils eigens die *Iqameh* aus.

Die versäumten Gebete müssen nicht zur selben Tageszeit nachgeholt werden, zu der sie versäumt wurden. Man kann also ohne weiteres ein Mittagsgebet zur Abendzeit und ein Morgengebet zur Nachmittagszeit nachholen.

Wenn man ein Pflichtgebet versäumt hat, dann holt man nur das Pflichtgebet nach. *Sunneh*-Gebete können grundsätzlich nicht nachgeholt werden. Eine Ausnahme bildet hierbei lediglich das *Sunneh*-Gebet des Morgens: Wenn man das Pflichtgebet des Morgens versäumt hat und dieses noch vor Anbruch der Mittagsgebetszeit nachholt, dann darf man dieses gemeinsam mit seinem *Sunneh*-Gebet nachholen.

Es ist notwendig (*wadschib*), auch die versäumten *Witr*-Gebete nachzuholen.

Das Freitagsgebet *(Salatul Dschumu'ah)*

Wer alle sechs folgenden Voraussetzungen erfüllt, ist verpflichtet, am Freitagsgebet teilzunehmen:

1. Männlichkeit.
2. Vollbesitz der geistigen Kräfte.
3. Freiheit (d.h. dass man kein Sklave ist).
4. Geschlechtsreife.
5. Gesundheit.
6. Ansässigkeit (d.h. dass man nicht auf Reisen ist).

Reisende, Kinder oder Kranke, die nur mit fremder Hilfe zur Gebetsstätte kommen können, sind zwar nicht dazu verpflichtet, am Freitagsgebet teilzunehmen, sie dürfen aber natürlich trotzdem daran teilnehmen.

Das Freitagsgebet wird zur Zeit des Mittagsgebets mit der Gemeinde verrichtet; es kann nicht alleine verrichtet werden. Wer das Freitagsgebet aus irgendeinem Grund verpasst hat oder nicht daran teilnehmen kann, der verrichtet innerhalb der Zeit des Mittagsgebets ganz normal sein Mittagsgebet.

Das Freitagsgebet setzt sich aus zehn Gebetseinheiten zusammen: Dem Pflichtteil mit zwei *Rek'ah*, einem *Sunneh-Gebet* mit vier *Rek'ah* vor dem Pflichtteil und einem *Sunneh-Gebet* mit vier *Rek'ah* nach dem Pflichtteil.

Das Freitagsgebet kann in jeder Moschee verrichtet werden, die täglich zu den Zeiten der fünf Pflichtgebete geöffnet und allgemein zugänglich ist.

An den Freitagen ist es *Sunneh*, besondere Körperhygiene walten zu lassen: Man vollzieht die Ganzkörperwaschung (*Ghusl*), schneidet sich die Fingernägel, parfümiert sich und zieht seine beste Kleidung an.

An den Freitagen ist es ebenfalls *Sunneh*, besonders viele *Salewat* (Segenswünsche für den Propheten Muhammedﷺ zu sprechen, Arme zu speisen, Almosen zu geben, Respektspersonen (wie die Eltern, Gelehrte oder Gottesfreunde) zu besuchen und die Sure *El-Kehf* zu rezitieren.

Sobald der zweite *Edhan* ausgerufen wird, müssen sich all jene Personen zum Freitagsgebet begeben, die zur Teilnahme an diesem verpflichtet sind. Ab diesem Moment dürfen sie keine Kaufgeschäfte mehr tätigen. Dieses Handelsverbot gilt bis zum Ende des Freitagsgebets.

Der Ablauf des Freitagsgebets

Die beiden Pflichtbestandteile des Freitagsgebets sind die Freitagspredigt *(Khutbeh)* und das Pflichtgebet.

Vor der Predigt verrichtet man das *Sunneh-Gebet* mit vier *Rek'ah*. Dazu fasst man die Absicht, die Vor-*Sunneh* des Freitagsgebets zu verrichten. Die Vor-*Sunneh* des Freitagsgebets wird genauso verrichtet wie das *Sunneh*-Gebet vor dem Mittagsgebet. Anschließend ruft der Gebetsrufer (*Mu'edhin*) den zweiten *Edhan* aus und unmittelbar darauf folgt die Freitagspredigt (*Khutbeh*). Danach wird die *Iqameh* ausgerufen. Die Gemeinde erhebt sich zum Gemeinschaftsgebet und verrichtet gemeinsam mit dem *Imam* das Pflichtgebet mit zwei *Rek'ah*. Dieses wird genauso verrichtet wie das Gemeinschaftsgebet des Morgens. Im Anschluss an das Pflichtgebet betet man ein *Sunneh*-Gebet mit vier *Rek'ah*. Damit ist das Freitagsgebet beendet.

Nach dem Freitagsgebet kann man ein Gebet mit vier *Rek'ah*, das sogenannte „Letzte Mittagsgebet" (*Dhuhrul Akhir*) verrichten. Dieses kann wie ein Pflicht- oder wie ein *Sunneh*-Gebet verrichtet werden. Wenn man es wie ein *Sunneh*-Gebet verrichtet, rezitiert man in jeder *Rek'ah* nach der *El-Fatiha* zusätzlich einige Quranverse; wenn man es wie ein Pflichtgebet verrichtet, rezitiert man nur in den ersten beiden *Rek'ah* einige zusätzliche Quranverse. Man kann dieses Gebet aber auch mit der Absicht verrichten, ein versäumtes Gebet nachzuholen (*Qada'*).

Für das „Letzte Mittagsgebet" wird die Absicht wie folgt gefasst:

„Ich beabsichtige – für das Wohlgefallen Allahs – das letzte Mittagsgebet zu verrichten."

Anschließend kann man noch ein abschließendes *Sunneh*-Gebet mit zwei *Rek'ah* verrichten. Das Freitagsgebet ist nicht unvollständig, wenn das „Letzte Mittagsgebet" und das abschließende *Sunneh*-Gebet weggelassen werden. Mit der *Tesbihat* und dem Bittgebet beendet man schließlich die *Ibadeh*.

Der Freitagspredigt zuzuhören ist die Pflicht eines jeden Anwesenden. Aus diesem Grund ist es verboten, während der Predigt zu sprechen, sich ungebührlich zu verhalten oder andere zu stören.

Das Gebet auf Reisen

Ab einer bestimmten Reiseentfernung genießen Reisende (*Sefer*) – im Gegensatz zu Ortsansässigen (*Muqim*) – gewisse Erleichterungen bei der Ausführung ihres Gottesdienstes. Der Grund hierfür ist, dass der Reisende normalerweise auf seiner Reise Strapazen ausgesetzt ist, denen ein Ortsansässiger nicht ausgesetzt ist. Religiös betrachtet gilt man als Reisender, wenn man für weniger als 15 Tage an einen Ort reist, der sich mindestens 90 Kilometer von seinem Wohnort entfernt befindet.

Wer eine solche Reise antritt, verkürzt alle Pflichtgebete die aus vier *Rek'ah* bestehen – also das Mittags-, Nachmittags- und Nachtgebet – auf zwei *Rek'ah*. Die Morgen- und Abendgebete werden wie gewohnt verrichtet.

Sollte man auf seiner Reise genügend Zeit für die Verrichtung der *Sunneh*-Gebete haben, dann verrichtet man diese wie gewohnt. Ansonsten lässt man diese gänzlich aus.

Sollte sich der Reisende einem ortsansässigen Vorbeter bei einem Pflichtgebet mit vier *Rek'ah* anschließen, dann folgt er dem Vorbeter und verrichtet gemeinsam mit diesem vier *Rek'ah*. Wenn sich der Reisende einem ortsansässigen Vorbeter bei einem Pflichtgebet mit vier *Rek'ah* verspätet angeschlossen hat, dann vervollständigt er sein Gebet, nachdem der *Imam* das Gebet mit dem Schlussgruß beendet hat, auf vier *Rek'ah*.

Wenn ein Reisender bei einem Pflichtgebet mit vier *Rek'ah* der Gemeinschaft vorbetet, dann beendet er das Gebet nach der zweiten *Rek'ah*. Alle reisenden Mitbetenden folgen ihm dabei und beenden ihr Gebet ebenfalls nach zwei *Rek'ah*. Die ortsansässigen Mitbetenden vervollständigen ihr Gebet jedoch auf vier *Rek'ah*, das heißt nach dem Schlussgruß des Vorbeters stehen sie auf und beten zwei weitere *Rek'ah*. Dabei rezitieren sie nicht, sondern verweilen während des Stehens in der dritten und vierten *Rek'ah* solange stumm, wie es dauern würde, die Sure *El-Fatiha* zu rezitieren. Alle anderen Abläufe des Gebets verrichten sie wie gewohnt: Sie führen ihre Verbeugungen und Niederwerfungen aus, bleiben in der vierten *Rek'ah* zum Endsitzen sitzen und beenden ihr Gebet mit dem Schlussgruß.

Eine weitere Erleichterung für Reisende ist es, dass diese ihre Halbschuhe (*Khuff*), die sie im rituell reinen Zustand angezogen haben, drei Tage und drei Nächte lang tragen dürfen, ohne dass sie ihre Füße bei der Ausführung der rituellen Gebetswaschung erneut waschen müssen.[58]

---

58 Hierbei handelt es sich um bestimmte wasserdichte Schuhe, meist aus Leder (Ledersocken), die die Füße einschließlich der Fußknöchel bedecken. Solange man diese Schuhe trägt, brauchen die Füße nicht gewaschen zu werden: Die Schuhe werden bei der rituellen Reinigung lediglich mit Wasser benetzt. Ortsansässige dürfen von dieser Erleichterung 24 Stunden, Reisende 72 Stunden lang Gebrauch machen. Wer diese Erleichterung in Anspruch nehmen möchte, muss darüber hinaus noch weitere Regeln beachten, die hier nicht extra aufgeführt wurden.

Ein Reisender darf im Monat Ramadan fasten, muss es aber nicht. Sollte er sich dazu entschlossen haben, auf seiner Reise nicht zu fasten, dann muss er die versäumten Fastentage zu einem späteren Zeitpunkt nachfasten.

Ein Reisender ist nicht dazu verpflichtet an den Freitags- und Festtagsgebeten teilzunehmen. Genauso wenig ist er dazu verpflichtet, beim Opferfest ein Schlachtopfer darzubringen. Wenn er diese gottesdienstlichen Handlungen dennoch durchführen möchte, sind diese aber gültig und werden von Allah dem Erhabenen belohnt.

Alle Erleichterungen für Reisen enden, sobald der Reisende an seinen Wohnort zurückgekehrt ist.

Das Festtagsgebet

Neben den Freitagen gibt es im Islam noch zwei weitere Feiertage: Das Fastenfest (*Idul Fitr*) und das Opferfest (*Idul Edha*). An beiden Feiertagen wird ca. 45 Minuten nach Sonnenaufgang ein Festtagsgebet mit zwei Gebetseinheiten (*Rek'ah*) verrichtet. Die Teilnahme an diesen Festtagsgebeten ist für alle Personen *wadschib*, für die die Teilnahme am Freitagsgebet Pflicht ist.

Der Ablauf des Festtagsgebets:

Unmittelbar vor dem Beginn des Festtagsgebets fassen dessen Teilnehmer folgende Absicht:

„Ich beabsichtige, für Allah das anstehende Festtagsgebet zu verrichten und schließe mich dabei dem Vorbeter (Imam) an."

Das Gebet beginnt mit dem Eröffnungs-*Tekbir*. Anschließend sprechen sowohl der Vorbeter als auch die Mitbetenden leise die *Subhaneke*. Danach führt der Vorbeter dreimal hintereinander den *Tekbir* aus und die Gemeinde folgt ihm dabei: Bei jedem *Tekbir* hebt man die Hände auf Ohrenhöhe, spricht leise „Allahu Ekber" und lässt danach seine Arme wieder herabsinken, sodass sie seitlich am Körper anliegen. Nach dem dritten *Tekbir* legt man seine Hände wie gewohnt unterhalb des Bauchnabels übereinander. Der Vorbeter rezitiert daraufhin die Sure *El-Fatiha* und eine zusätzliche Sure oder einige Quranverse. Danach führt er gemeinsam mit der Gemeinde die Verbeugung und die Niederwerfungen aus und erhebt sich zur zweiten *Rek'ah*.

Die zweite *Rek'ah* beginnt der Vorbeter, indem er leise die *Besmele* spricht und anschließend die Sure *El-Fatiha* sowie eine zusätzliche Sure oder einige Quranverse rezitiert. Danach spricht er dreimal den *Tekbir* und die Gemeinde folgt ihm dabei: Bei jedem *Tekbir* hebt man die Hände auf Ohrenhöhe und spricht leise: „Allahu Ekber". Nach jedem *Tekbir* hält man kurz inne und lässt dann seine Arme wieder herabsinken, sodass sie seitlich am Körper anliegen. Nach dem vierten *Tekbir* führt der Vorbeter gemeinsam mit der Gemeinde die Verbeugung und die Niederwerfungen aus. Beim anschließenden Endsitzen spricht man wie gewohnt die *Ettehiyyatu*, die Segenswünsche *Allahumme Salli* und *Allahumme Barik* und die Bittgebete *Rabbena Atina* und *Rabbenaghfirli* und beendet das Gebet mit dem Schlussgruß.

Im Anschluss an das Gebet steigt der Vorbeter auf die Kanzel und hält die Festtagspredigt. Dabei erzählt er der Gemeinde von den Besonderheiten des Festtags.

Nach der Predigt wird das Bittgebet gesprochen und damit ist die *Ibadeh* beendet. Die Gläubigen wünschen sich gegenseitig einen gesegneten Festtag und machen sich dann dazu auf, Respektspersonen (wie die Eltern, Gelehrte oder Gottesfreunde) zu besuchen.

In der Zeit des Opferfestes ist es *wadschib*, direkt im Anschluss an die Pflichtgebete den *Teschriq-Tekbir* aufzusagen. Dies macht man insgesamt 23 Mal: Der erste *Teschriq-Tekbir* wird nach dem Morgengebet des Vortrages des Opferfestes (also nach dem Morgengebet des Arafattages) und der letzte nach dem Nachmittagsgebet des vierten Festtages gesprochen.

Der *Teschriq-Tekbir* lautet folgendermaßen:

اللّٰهُ أَكْبَرُ اللّٰهُ أَكْبَرُ لاَ إِلَهَ إِلاَّ اللّٰهُ وَاللّٰهُ أَكْبَرُ اللّٰهُ أَكْبَرُ وَلِلّٰهِ الْحَمْدُ

„Allahu Ekber, Allahu Ekber, la Ilahe illa Allah we Allahu Ekber, Allahu Ekber we Lillahil Hamd“ („Allah ist der Größte, Allah ist der Größte, es gibt keinen Gott außer Allah und Allah ist der Größte, Allah ist der Größte und alles Lob gebührt Allah“)

Sollte man einmal vergessen haben, den *Teschriq-Tekbir* nach einem der Pflichtgebete aufzusagen, so muss dieser nicht nachgeholt werden. Man sollte aber trotzdem sorgfältig darauf achten, keinen der *Teschriq-Tekbire* zu vergessen.

Das Aufsagen der *Teschriq-Tekbire* ist für all jene *wadschib*, die dazu verpflichtet sind das Gebet zu verrichten. Dabei spielt es keine Rolle, ob man männlich oder weiblich, Reisender oder ortsansässig ist.

Das *Terawih*-Gebet

Das *Terawih*-Gebet ist ein *Sunneh*-Gebet, das aus zwanzig *Rek'ah* besteht. Während des Fastenmonats Ramadan wird es täglich nach dem Nachtgebet verrichtet. Die Verrichtung des *Terawih*-Gebets ist eine starke *Sunneh* (*Sunnetul Mu'ekkede*). Es sollte deshalb von jedem Muslim gebetet werden.

Das *Terawih*-Gebet kann in zehn Durchgängen zu je zwei *Rek'ah* oder in fünf Durchgängen zu je vier *Rek'ah* verrichtet werden. Die erste Variante wird als die tugendhaftere angesehen.

Der Ablauf des *Terawih*-Gebets:

Bevor man das *Terawih*-Gebet verrichtet, fasst man die entsprechende Absicht dazu:

Verrichtet man das *Terawih*-Gebet alleine, dann fasst man folgende Absicht:

„Ich beabsichtige, für Allah das Terawih-Gebet zu verrichten."

Verrichtet man das *Terawih*-Gebet in der Gemeinschaft, dann fasst man folgende Absicht:

„Ich beabsichtige, für Allah das Terawih-Gebet zu verrichten und schließe mich dabei dem Vorbeter an."

Diese Absicht wird vor Beginn des ersten Durchgangs des *Terawih*-Gebets gefasst und ist dann für die Ausführung aller zwanzig *Rek'ah* gültig, solange man nicht zwischen zwei Durchgängen etwas tut (wie reden, essen, trinken oder sich hinsetzen), was nicht zum Gebet gehört. Tut man dies, so muss die Absicht erneut gefasst werden.

Das *Terawih*-Gebet ist an das Nachtgebet gebunden. Es kann also nur zwischen der Nach-*Sunneh* des Nachtgebetes und dem *Witr*-Gebet verrichtet werden. Es darf weder vor dem Nachtgebet noch isoliert davon gebetet werden.

Wer das *Terawih*-Gebet in zehn Durchgängen (also mit dem Selam nach je zwei *Rek'ah*) betet, der verrichtet es genauso, wie man das Pflichtgebet des Morgens verrichtet. Wer das *Terawih*-Gebet in fünf Durchgängen (also mit dem Selam nach vier *Rek'ah*) betet, der verrichtet es genauso wie das *Sunneh*-Gebet des Nachmittags.

Der Begriff *Terawih* bedeutet „sich ausruhen". Dieses Gebet wurde so benannt, weil man zwischen den einzelnen Durchgängen kurze Pausen einlegt, um sich auszuruhen. Das *Terawih*-Gebet sollte also nicht zu hastig verrichtet werden, sondern man sollte sich dafür genauso viel Zeit nehmen wie für die Verrichtung aller anderen Gebete auch.

Wer nicht fastet, weil er auf Reisen ist oder einen anderen Entschuldigungsgrund hat, darf trotzdem das *Terawih*-Gebet verrichten, denn die Verrichtung des *Terawih*-Gebetes ist keine *Sunneh* des Fastens, sondern eine *Sunneh* des Ramadans.

Die freiwilligen Gebete *(Nafileh)*

Alle Gebete, die keine Pflicht- oder *Wadschib*-Gebete sind, sind freiwillige Gebete. Auf Arabisch werden sie entweder *Nafileh* („freiwillige Mehrleistung") oder *Tetawwu'* („freiwilliger Dienst") genannt. Der Prophet Muhammed ﷺ berichtete uns von den vielen Vorzügen der *Nafileh*-Gebete und empfahl uns die Verrichtung von *Nafileh*-Gebeten.

Es gibt viele Arten von freiwilligen Gebeten, die alle ihren speziellen Nutzen haben. Einige von diesen wollen wir im Folgenden kurz vorstellen:

Das *Duha*-Gebet: Dieses Gebet besteht aus zwei, vier oder acht *Rek'ah* und wird zwischen dem Ende der *Mekruh*-Zeit des Morgens und dem Anbruch der *Mekruh*-Zeit des Mittags verrichtet[59].

Das *Ewwabin*-Gebet: Dieses Gebet besteht aus zwei, vier oder sechs *Rek'ah* und wird im Anschluss an das Abendgebet verrichtet.

Das *Tehedschud*-Gebet: Dieses Gebet besteht aus mindestens zwei *Rek'ah* und wird in der Zeit zwischen dem Nacht- und dem Morgengebet verrichtet. Entweder wird es vor dem Schlafengehen verrichtet, dann nennt man es *Salatul Leyl*, oder nachdem man etwas geschlafen hat und dann dafür aufsteht, dann nennt man es *Tehedschud*. Das Verrichten dieses Gebets bringt großen göttlichen Lohn mit sich, und das Bittgebet im letzten Drittel der Nacht ist besonders wirkungsvoll.

Das *Tehiyyetul Mesdschid*-Gebet: *Tehiyyetul Mesdschid* bedeutet „Begrüßung der Moschee“. Dieses Gebet besteht aus zwei *Rek'ah* und wird unmittelbar nach dem Betreten einer

59 Die *Mekruh*-Zeit des Morgens dauert bis ca. 45 Minuten nach Sonnenaufgang und die *Mekruh*-Zeit des Mittags beginnt ca. 30 Minuten vor dem Anbruch der Zeit des Mittagsgebets.

Moschee – noch bevor man sich hinsetzt – verrichtet.[60] Es gilt als besonders tugendhaft und ist ein besonderes Zeichen der Wertschätzung für das Gotteshaus.

Das Dankgebet der Teilwaschung: Dieses Gebet besteht aus zwei *Rek'ah* und wird verrichtet, nachdem man die Teil- bzw. der Ganzkörperwaschung durchgeführt hat.

Das *Istikhareh*-Gebet: Dieses Gebet besteht aus zwei *Rek'ah*. Man verrichtet es, um den göttlichen Beistand bei der Findung einer richtigen Entscheidung in einer wichtigen Angelegenheit zu erbitten.

Nachdem man die zwei *Rek'ah* verrichtet hat, bittet man Allah den Erhabenen darum, dass Er einem bei der Entscheidungsfindung helfen und die richtige Entscheidung eingeben möge. Wenn man anschließend eine Eingebung bekommt, so folgt man dieser; ansonsten handelt man entsprechend seiner inneren Neigung.

Das *Istighfar*-Gebet: Hat der Muslim einen Fehler begangen oder gesündigt, so muss er dies aufrichtig bereuen. Um sich von seinen Sünden zu reinigen, soll er das *Istighfar*-Gebet (Reuegebet) durchführen. Dabei führt er die Teilwaschung *(Wudu')* durch, betet anschließend zwei *Rek'ah*, bittet danach Allah ﷻ um Vergebung und kann dann auf Allahs Vergebung vertrauen.

60 Dabei sollte man allerdings darauf achten, dass man sich nicht in der *Mekruh*-Zeit befindet. Betritt man eine Moschee während einer *Mekruh*-Zeit, dann verrichtet man das *Tehiyyetul Mesdschid*-Gebet nicht.

Der Gesandte Allahs ﷺ sagte:

„Es gibt keinen Gottesdiener, der eine Sünde begeht und sich dann auf schöne Weise reinigt [indem er die rituelle Teilwaschung durchführt], danach zwei Rek'ah betet und dann Allah um Verzeihung bittet, ohne dass Allah ihm verzeiht."

(Ebu Dawud, 1521 (361/26))

Die Ersatzniederwerfung *(Sedschdetu Sehw)*

Während des Gebets passieren uns immer wieder Fehler. Manche davon werden geduldet, andere führen zur Ungültigkeit des Gebets und wieder andere erfordern die Ausführung einer Ersatzniederwerfung (auch Niederwerfung des Vergessens genannt).

Es ist *wadschib*, eine Ersatzniederwerfung durchzuführen, wenn man:

- eine Pflichthandlung des Gebets verzögert,
- einen *Wadschib*-Bestandteil des Gebets verzögert oder ganz auslässt.

Lässt man hingegen eine Pflichthandlung des Gebets komplett aus, so wird das Gebet ungültig, egal ob dies aus Absicht oder aus Vergesslichkeit heraus geschehen ist.

Die Ausführung der Ersatzniederwerfung:

Sollte der Vorbeter im Gebet einen Fehler gemacht haben, der eine Ersatzniederwerfung notwendig werden lässt, dann führt er beim Endsitzen – direkt nach der Rezitation der *Ettehiyyatu* – den Schlussgruß zur rechten Seite aus. Nach links grüßt er nicht, damit die Mitbetenden nicht meinen, das Gebet sei bereits beendet. Danach führt er zweimal die Niederwerfung aus und rezitiert anschließend abermals die *Ettehiyyatu* und dazu wie gewohnt die Segenswünsche und Bittgebete und beendet danach das Gebet mit dem Schlussgruß nach links.

Sollte der Alleinbetende einen Fehler gemacht haben, der eine Ersatzniederwerfung notwendig werden lässt, dann führt er nach der *Ettehiyyatu* den Schlussgruß nach beiden Seiten aus, wirft sich zweimal nieder und rezitiert dann abermals die *Ettehiyyatu* und zusätzlich die Segenswünsche und Bittgebete und beendet danach das Gebet wie gewohnt.

Sollte man während eines Gebets mehrere Fehler begangen haben, die jeder für sich genommen eine Ersatzniederwerfung erforderlich machen würden, so reicht es aus, die Ersatzniederwerfung nur einmal durchzuführen.

Sollte man hinter einem Imam beten und einen Fehler begangen haben, der eine Ersatzniederwerfung erforderlich machen würde, dann braucht man dafür keine Ersatzniederwerfung auszuführen. Denn für die Verpflichtung zur Durchführung einer Ersatzniederwerfung im Gemeinschaftsgebet sind einzig und allein die Fehler des Vorbeters ausschlaggebend.

Jeder Muslim muss die Pflicht- und *Wadschib*-Handlungen des Gebets kennen, damit er weiß, durch welche Handlungen sein Gebet ungültig und wann eine Ersatzniederwerfung erforderlich wird.

Das Totengebet *(Salatul Dschenazeh)*

Das Totengebet ist eine Fürbitte für den Verstorbenen. Seine Verrichtung ist die kollektive Pflicht (*Fardul Kifaye*) aller Muslime. Dies bedeutet, dass alle ortsansässigen Muslime dafür verantwortlich sind, dass das Totengebet für einen Muslim ihres Ortes durchgeführt wird. Sobald einige von ihnen dieser Verantwortung nachkommen, ist der Rest von ihnen von dieser Verantwortung befreit.

Für die Teilnahme am Totengebet wird – wie für alle anderen Gebete auch – die rituelle Reinheit vorausgesetzt.

Der Ablauf des Totengebets:

Nachdem der Verstorbene gewaschen und ins Leichentuch gewickelt wurde, wird er vor den Teilnehmern des Totengebets aufgebahrt.

Der Vorbeter stellt sich vor dem Verstorbenen auf und die Gemeinde versammelt sich hinter ihm. Danach fassen der Vorbeter und die Mitbetenden die Absicht zur Verrichtung des Totengebets. Dabei muss in der Absicht erwähnt werden, ob es sich bei dem Verstorbenen um einen Mann oder eine Frau handelt.

Die Absicht für das Totengebet lautet folgendermaßen:

„Ich beabsichtige, für Allah das Totengebet für diesen verstorbenen Mann (diese verstorbene Frau) zu verrichten und schließe mich dabei dem Imam an.“

Wenn man nicht mitbekommen hat, ob es sich bei dem Verstorbenen um einen Mann oder eine Frau handelt, dann fasst man folgende Absicht:

„Ich beabsichtige, für Allah das Totengebet zu verrichten. Dabei folge ich der Absicht des Imam und schließe mich ihm an."

Danach hebt der Vorbeter die Hände auf Ohrenhöhe, spricht den Eröffnungs-*Tekbir* und legt die Hände wie gewohnt unterhalb des Bauchnabels übereinander. Die Mitbetenden folgen ihm dabei.

Anschließend rezitiert man leise das Bittgebet *Subhaneke* mit dem folgenden Zusatz: „*We dschelle Thena'uke*".[61]

Danach spricht der Vorbeter den zweiten *Tekbir*, ohne dabei die Hände zu heben. Die Mitbetenden sprechen den *Tekbir* leise nach. Nach dem zweiten *Tekbir* werden die Segenswünsche *Allahumme Salli* und *Allahumme Barik* gesprochen.

Anschließend spricht der Vorbeter den dritten *Tekbir*, ohne dabei die Hände zu heben. Danach rezitiert der Vorbeter leise die überlieferten Bittgebete zum Totengebet[62] und alle Teilnehmer des Totengebets, die diese Bittgebete auswendig kennen, sprechen diese ebenfalls leise. Wer diese speziellen Bittgebete nicht auswendig kennt, rezitiert stattdessen die Sure *El-Fatiha* mit der Absicht eines Bittgebets. Danach spricht der Vorbeter den vierten *Tekbir* und beendet anschließend das Totengebet mit dem Schlussgruß.

---

61 Die *Subhaneke* ist, zusammen mit dem Zusatz für das Totengebet, im letzten Teil dieses Büchleins aufgeführt.

62 Die überlieferten Bittgebete zum Totengebet folgen direkt im Anschluss an diesen Abschnitt.

Es ist *mustehabb* (erwünscht), dass man nach dem Ende des Totengebets den Verstorbenen noch bis zu seinem Grab begleitet, sich an den anfallenden Bestattungsarbeiten beteiligt und Bittgebete für ihn spricht, während er begraben wird. Diese Handlungen bringen den Gläubigen viel göttlichen Lohn ein.

Die überlieferten Bittgebete während des Totengebets:

In allen Totengebeten – egal ob es sich beim Verstorbenen um einen Mann oder eine Frau, einen Erwachsenen oder ein Kind handelt – wird folgendes Bittgebet gesprochen:

اللَّهُمَّ اغْفِرْ لِحَيِّنَا وَمَيِّتِنَا وَصَغِيرِنَا وَكَبِيرِنَا وَذَكَرِنَا وَأُنْثَانَا وَشَاهِدِنَا وَغَائِبِنَا اللَّهُمَّ مَنْ
أَحْيَيْتَهُ مِنَّا فَأَحْيِهِ عَلَى الإِيمَانِ وَمَنْ تَوَفَّيْتَهُ مِنَّا فَتَوَفَّهُ عَلَى الإِسْلاَمِ

„O Allah! Vergib unseren Lebenden und unseren Toten und unseren Jungen und unseren Alten und unseren Männern und unseren Frauen und unseren Anwesenden und unseren Abwesenden! O Allah! Lass denjenigen unter uns, den du am Leben lässt, als Gläubigen leben und lass denjenigen unter uns, den du versterben lässt, im Islam versterben!“

Ist der Verstorbene ein Mann, so ergänzt man das obige Bittgebet durch folgenden Zusatz:

اللَّهُمَّ إِنْ كَانَ مُحْسِنًا فَزِدْ فِي إِحْسَانِهِ ، وَإِنْ كَانَ مُسِيئًا فَتَجَاوَزْ عَنْهُ اللَّهُمَّ لاَ تَحْرِمْنَا
أَجْرَهُ وَلاَ تَفْتِنَّا بَعْدَهُ

„O Allah! Wenn er ein Wohltäter war, so mehre seine Wohltaten, und wenn er ein Übeltäter war, so verzeihe ihm! O Allah! Schließe uns nicht von dem Lohn (den wir als Ersatz für die Trauer um ihn erhalten) aus und lass uns nach (seinem Tode) nicht in die Irre gehen!“

Ist die Verstorbene eine Frau, so ergänzt man das obige Bittgebet um folgenden Zusatz:

اللَّهُمَّ إِنْ كَانَتْ مُحْسِنَةً فَزِدْ فِي إِحْسَانِهَا ، وَإِنْ كَانَتْ مُسِيئَةً فَتَجَاوَزْ عَنْهَا اللَّهُمَّ لاَ تَحْرِمْنَا أَجْرَهَا وَلاَ تَفْتِنَّا بَعْدَهَا

„O Allah! Wenn sie eine Wohltäterin war, so mehre ihre Wohltaten, und wenn sie eine Übeltäterin war, so verzeihe ihr! O Allah! Schließe uns nicht von dem Lohn (den wir als Ersatz für die Trauer, um sie erhalten) aus und lass uns nach (ihrem Tode) nicht in die Irre gehen!“

Ist der Verstorbene ein (noch nicht geschlechtsreifer) Knabe, so fügt man dem obigen Bittgebet folgenden Zusatz hinzu:

اللَّهُمَّ اِجْعَلْهُ لَنَا فَرَطًا وَاجْعَلْهُ لَنَا أَجْرًا وَذُخْرًا وَاجْعَلْهُ لَنَا شَافِعًا وَمُشَفَّعًا

„O Allah! Lasse ihn für uns ein vorausgeschickter (Lohn) sein und mache ihn für uns zu einem Verdienst und einem Schatz und lass ihn ein Fürsprecher für uns sein, dessen Fürsprache erhört wird!“

Ist die Verstorbene ein (noch nicht geschlechtsreifes) Mädchen, so fügt man dem obigen Bittgebet folgenden Zusatz hinzu:

اللَّهُمَّ اِجْعَلْهَا لَنَا فَرَطًا وَاجْعَلْهَا لَنَا أَجْرًا وَذُخْرًا وَاجْعَلْهَا لَنَا شَافِعَةً وَمُشَفَّعَةً

„O Allah! Lasse sie für uns ein vorausgeschickter (Lohn) sein und mache sie für uns zu einem Verdienst und einem Schatz und lasse sie eine Fürsprecherin für uns sein, deren Fürsprache erhört wird!“

Wer diese Bittgebete nicht auswendig weiß, kann stattdessen die Sure *El-Fatiha* als Bittgebet oder die Bittgebete *Rabbena Atina* und *Rabbenaghfirli* aufsagen.

Das *Tesbih* und das Bittgebet im Anschluss an das Gebet

Es ist *Sunneh,* nach dem Pflichtgebet dreimal das folgende Reuebekenntnis zu sprechen:

أَسْتَغْفِرُ اللّٰهَ الَّذِى لاَ إِلَهَ إِلاَّ هُوَ الْحَىُّ الْقَيُّومُ وَأَتُوبُ إِلَيْهِ

„Ich bitte Allah um Vergebung. Es gibt keinen Gott außer Ihm! (Er ist) der Lebendige, der Beständige und Ihm wende ich mich reumütig zu.“

Danach spricht man das folgende *Tesbih*:

اللَّهُمَّ أَنْتَ السَّلاَمُ وَمِنْكَ السَّلاَمُ تَبَارَكْتَ يَا ذَا الْجَلاَلِ وَالإِكْرَامِ

„O Allah! Du allein bist das Heil und von Dir allein kommt das Heil! Erhaben bist Du, o Besitzer der Macht und Güte!“

In den Gebetszeiten, in denen eine Nach-*Sunneh* vorgesehen ist (also nach dem Mittags-, Abend- und Nachtgebet) wird nun die Nach-*Sunneh* gebetet.

Danach spricht der *Mu'edhin*:

على رسولنا الصلوات

„(Möge) unserem Gesandten der Segen (zuteilwerden).“

Danach spricht jeder für sich seine Segenswünsche auf den Propheten Muhammedﷺ aus.

Dazu eignet sich beispielsweise die folgende Formel:

اللَّهُمَّ صَلِّ عَلَى مُحَمَّدٍ وَعَلَى آلِ مُحَمَّدٍ

„O Allah! Segne Muhammed und die Angehörigen Muhammeds."

Dann spricht man den folgenden Lobpreis:

سبحان الله و الحمد لله و لا إله إلا الله و الله أكبر و لا حول و لا قوة إلا بالله العلي العظيم

„Allah ist frei von allen Mängeln und menschlichen Eigenschaften, und alles Lob gebührt Allah und es gibt keine Gottheit außer Allah und Allah ist größer (als alles Existierende) und es gibt keine Macht (um ein Unheil abwenden zu können) und keine Fähigkeit (um Allah dem Erhabenen gehorsam sein zu können) außer durch (die Barmherzigkeit und den Großmut) Allahs, des Hocherhabenen und Allgewaltigen."

Danach rezitiert man die *Ayetul Kursi*[63].

Anschließend sagt man leise:

33 Mal *Subhane Allah*
33 Mal *Elhamdulillah*
33 Mal *Allahu Ekber*

63 Dies ist der 255. Vers der Sure El-Baqarah. Dieser Vers ist im letzten Kapitel dieses Büchleins aufgeführt.

Dieses *Tesbih* kann man unter Zuhilfenahme der Finger oder einer Gebetskette abzählen.

Danach sagt man leise:

لاَ إِلَهَ إِلاَّ اللّهُ وَحْدَهُ لاَ شَرِيكَ لَهُ لَهُ الْمُلْكُ وَلَهُ الْحَمْدُ وَهُوَ عَلَى كُلِّ شَيْءٍ قَدِير

„Es gibt keinen Gott außer Allah. Er ist der Eine und Er hat keinen Teilhaber. Sein ist die Herrschaft und Ihm gebührt alles Lob und Er besitzt die Macht, alle Dinge so durchzusetzen, wie Er es will.“

Und anschließend:

سُبْحَانَ رَبِّيَ الْعَلِيِّ الأَعْلَى الْوَهَّاب

„Mein Herr ist ohne Mangel. (Er ist) der Erhabene, der Höchste, der Freigiebige!“

Danach hebt man seine Hände mit den Handflächen nach oben auf Brusthöhe und spricht sein Bittgebet.

Die schönsten Bittgebete sind jene, die im Edlen Quran aufgeführt sind oder uns von unserem Gesandten Muhammedﷺ überliefert wurden.

Der Gesandteﷺ sagte: *„Wahrlich, das Bittgebet ist die Ibadeh!“* Danach rezitierte er folgenden Quranvers:

„Und es sprach euer Herr: „Ruft mich (im Bittgebet) an, so werde Ich euch erhören. Wahrlich, jene die zu stolz sind, um Mir zu dienen werden entwürdigt in die Hölle eintreten.“ [64]

64 Ahmed: Musned, 18883), Tirmidhi, 3372 und andere

Das Bittgebet ist also eine Art des Gottesdienstes und wird reichhaltig entlohnt.

Um sicherzustellen, dass unsere Bittgebete erhört werden, sollten wir einige Regeln beachten:

Als erstes müssen wir darauf achten, dass wir mit ganzem Herzen bei der Sache sind, während wir Allah dem Erhabenen unsere Sorgen und Anliegen vortragen. Eine der Hauptursachen, warum die Bittgebete des Bittenden nicht erhört werden, ist nämlich seine Unachtsamkeit. Vielleicht hat er die Bittgebete auswendig gelernt, ohne überhaupt ihre Bedeutung verstanden zu haben, oder er trägt sie hastig und in geistiger Abwesenheit vor. Es ist also wichtig, dass wir voller Hingabe bitten und uns im Klaren darüber sind, worum wir denn eigentlich bitten.

Als nächstes darf man nicht gleich ungeduldig werden, nur weil ein Bittgebet nicht sofort in Erfüllung geht. Wer Allah den Erhabenen um etwas bittet, muss auch daran glauben, dass sein Bittgebet vom Ihm erhört wird. Wann Allah der Erhabene aber das Bittgebet erfüllt, entscheidet Er allein. Manche Bittgebete erfüllt Er sofort, andere erst nach Jahren, manche erst im Jenseits.

Allah der Erhabene weiß am besten, was gut für uns ist, deshalb sollten wir niemals verzweifeln und niemals daran zweifeln, dass unsere Bitte erhört wurde.

Im Folgenden wollen wir einige bekannte Bittgebete aufführen:

Mit dem folgenden Bittgebet, das im Edlen Quran aufgeführt ist, bittet man Allah ﷻ um Wohlergehen im Diesseits und im Jenseits:

رَبَّنَا آتِنَا فِي الدُّنْيَا حَسَنَةً وَفِي الآخِرَةِ حَسَنَةً وَقِنَا عَذَابَ النَّارِ

„Unser Herr! Gib uns auf Erden Gutes und im Jenseits Gutes und beschütze uns vor der Pein des Höllenfeuers.“

Mit dem nächsten Bittgebet bitten wir Allah ﷻ um Verzeihung für uns, unsere Eltern und die Gläubigen allesamt:

رَبَّنَا اغْفِرْ لِي وَلِوَالِدَيَّ وَلِلْمُؤْمِنِينَ يَوْمَ يَقُومُ الْحِسَاب

„Unser Herr! Vergib mir, meinen Eltern und den Gläubigen an jenem Tage, an dem die Abrechnung stattfindet.“

Mit diesem Bittgebet bitten wir Allah den Erhabenen, uns nicht vom wahren Weg abirren zu lassen:

رَبَّنَا لاَ تُزِغْ قُلُوبَنَا بَعْدَ إِذْ هَدَيْتَنَا وَهَبْ لَنَا مِنْ لَدُنْكَ رَحْمَةً إِنَّكَ أَنْتَ الْوَهَّابُ

„Unser Herr! Lass unsere Herzen nicht (vom rechten Weg) abdriften, nachdem Du uns rechtgeleitet hast, und schenke uns Deinen Segen! Wahrlich, Du bist der Gönner!“

Nachdem man sein Bittgebet vollendet hat, spricht man:

آمِين وَ الْحَمْدُ لِلَّهِ رَبِّ الْعَالَمِينَ

„Amin! Preis sei Allah, dem Herrn aller Welten!“

Anschließend streicht man sich mit den Handinnenflächen über das Gesicht.

Es ist *Sunneh*, im Anschluss an das Bittgebet zehnmal *„La Ilahe illa Allah“* („Es gibt keinen Gott außer Allah“) und nach dem zehnten Mal: *„Muhammedu Rasulullah“* („Muhammed ist der

Gesandte Allahs“) zu sagen und danach Segenswünsche auf den Propheten Muhammed ﷺ zu sprechen. Das Bittgebet auf diese Weise abzuschließen erhöht den göttlichen Lohn und trägt dazu bei, dass es von Allah dem Erhabenen akzeptiert wird.

Zu den Anstandsregeln des Bittgebets gehört es, dass man einige Male demütig und hingebungsvoll die Formel: „*Estaghfirullah*“ („Ich bitte Allah um Vergebung“) spricht, nachdem man sein Bittgebet vollendet hat.

Wenn man die Gebetsstätte verlässt, dann sollte man dies demütig und in der Hoffnung auf die Barmherzigkeit Allahs ﷻ tun.

Die Belebung der heiligen Nächte

Um vom Segensreichtum der heiligen Nächte *Leyletul Mi'radsch*, *Leyletul Bera'eh* und *Leyletul Qader* besonders profitieren zu können, sollte man in diesen Nächten viele freiwillige Gebete verrichten oder versäumte Gebete nachholen, Allah den Erhabenen um Vergebung für seine Sünden bitten, in sich kehren und Selbstkritik üben. Das Fasten an diesen Tagen wird ebenfalls besonders entlohnt. Durch den Segen dieser Nächte wird der Glaube des Muslims zu neuem Leben erweckt und dadurch wendet er sich wieder verstärkt seinem Herrn zu.

1. **Die *Leyletul Bera'eh***
   Zeitpunkt: Dies ist die Nacht in der Mitte des Monats *Scha'ban*.

   Benennung: Die *Leyletul Bera'eh* ist die „Nacht der Lossagung“ oder die „Nacht der Befreiung“. Sie wurde so benannt, weil man in dieser Nacht Allah den Erhabenen um die Befreiung von seinen Sünden bittet.

Der Gesandte Allahs ﷺ sagte dazu:

„Wenn die Nacht in der Mitte des Scha'ban eingetroffen ist, dann verbringt die Nacht stehend (im Gebet) und den Tag fastend. Denn wahrlich sendet Allah nach dem Untergang der Sonne (einen Engel) zum Himmel der Erde herab und dann sagt Er: ‚Ist hier niemand, der (Mich) um Verzeihung bittet, auf dass Ich ihm verzeihe? Ist hier niemand, der um seinen Lebensunterhalt bittet, auf dass Ich ihn versorge? Ist hier niemand, der ein Unglück erlitten hat, auf dass Ich ihm Wohlergehen verschaffe? Ist hier niemand, der Mich um etwas fragt, auf dass Ich es ihm gebe? Ist hier nicht jemand…? Ist hier niemand…?' (Dies geht solange weiter) bis die Dämmerung anbricht."[65]

Außerdem sagte der Gesandte ﷺ über die *Leyletul Bera'eh*:

„Wahrlich sendet Allah der Erhabene (einen Engel) in der mittleren Nacht des (Monats) Scha'ban in den Himmel der Welt herab, und dann vergibt Er mehr (Sünden) als die (Söhne der) Kelb Schafe (besitzen)."[66]

2. **Die *Leyletul Mi'radsch***
   Zeitpunkt: In der 27. Nacht des Monats *Redscheb*.

   Benennung: Die *Leyletul Mi'radsch* ist „die Nacht der Himmelfahrt".

---

65 Ibn Madscheh, 1388; Kenzul Ummal, 12/562 (35177).

66 Tirmidhi: Sunen: Leyletu Nisfu mine Scha'ban, 191 (739); Ahmed: Musned, 26060.

In dieser Nacht fanden die Nachtreise (*Isra'*) und die Himmelfahrt (*Mi'radsch*) des Gesandten ﷺ statt. Im Edlen Quran heißt es dazu:

دِ الْحَرَامِ إِلَى الْمَسْجِدِ الْأَقْصَى الَّذِي بَارَكْنَا حَوْلَهُ لِنُرِيَهُ مِنْ آيَاتِنَا إِنَّهُ هُوَ السَّمِيعُ الْبَصِيرُ

„Gepriesen sei Der, Der bei Nacht Seinen Diener von der heiligen Moschee [in Mekka] zu der fernen Moschee [in Jerusalem], deren Umgebung Wir gesegnet haben, hinführte, auf dass Wir ihm einige Unserer Zeichen zeigten. Wahrlich, Er ist der Allhörende, der Allsehende.“[67]

Die *Mi'radsch* begann auf dem Tempelberg bei der Al-Aqsa-Moschee in Jerusalem. Von dort aus ritt der Gesandte ﷺ, begleitet von Dschibril عليه السلام, auf dem Reittier *Buraq* in den siebten Himmel zum „Letzten Lotosbaum“ und von dort in die Gegenwart Allahs ﷻ. Dabei durchquerten sie alle sieben Himmel und trafen dort mit vielen Propheten zusammen. In dieser Nacht wurde den Muslimen das fünfmal tägliche Gebet vorgeschrieben.[68]

3. *Leyletul Qadr*

Zeitpunkt: In den letzten zehn Nächten des Monats Ramadan.

Benennung: Die *Leyletul Qadr* ist die „Nacht der Bestimmung“. Der Gesandte ﷺ sagte dazu: *„Sucht die Leyletul Qadr in den letzten zehn (Nächten) des Ramadan!“*[69]

---

67 17. Sure: El-Isra', Vers 1.

68 Vgl. Bukhari: Feda'ilu Sahabeh, 71 (3674). Dies ist ein sehr langer *Hadith*, in dem der Gesandte ﷺ seine Himmelfahrt genau beschreibt.

69 Bukhari: Salatu Terawih, 4 (1916).

Die Sure El-Qadr im Quran erzählt uns von der *Leyletul Qadr*. Dort heißt es:

أَنْزَلْنَاهُ فِي لَيْلَةِ الْقَدْرِ (١) وَمَا أَدْرَاكَ مَا لَيْلَةُ الْقَدْرِ (٢) لَيْلَةُ الْقَدْرِ خَيْرٌ مِنْ أَلْفِ شَهْرٍ (٣) تَنَزَّلُ الْمَلَائِكَةُ وَالرُّوحُ فِيهَا بِإِذْنِ رَبِّهِمْ مِنْ كُلِّ أَمْرٍ (٤) سَلَامٌ هِيَ حَتَّى مَطْلَعِ الْفَجْرِ (٥)

„Wir sandten ihn (den Edlen Quran) in der Leyletul Qadr. Und was lässt dich wissen, was die Leyletul Qadr ist? Die Leyletul Qadr ist besser als tausend Monate! In ihr steigen die Engel und der Geist herab mit der Erlaubnis ihres Herrn und Befugnis. Frieden ist sie, bis zum Anbruch der Morgendämmerung.“ [70]

Wer in der *Leyletul Qadr* wach bleibt und freiwillige gottesdienstliche Handlungen, wie Gebete, Quranlesen, Gottgedenken oder *Salewat* verrichtet, dem werden seine Sünden vergeben. Der Gesandte ﷺ sagte dazu:

„Wer die Leyletul Qadr im (freiwilligen) Ibadeh verbringt und daran glaubt [dass die Leyletul Qadr real ist] und damit rechnet, dass er im Jenseits dafür belohnt wird, dem vergibt Allah die Sünden, die er bis dahin vorausgeschickt hat.“ [71]

Das Fasten

Das Fasten im Monat Ramadan ist die dritte Säule des Islam und die Pflicht eines jeden Muslims. Dies wird durch den folgenden Quranvers belegt:

---

70 97. Sure: El-Qadr, Verse 1-5.

71 Bukhari: Iman, 24 (35).

يَا أَيُّهَا الَّذِينَ آمَنُوا كُتِبَ عَلَيْكُمُ الصِّيَامُ كَمَا كُتِبَ عَلَى الَّذِينَ مِنْ قَبْلِكُمْ لَعَلَّكُمْ تَتَّقُونَ

„O ihr, die ihr glaubt! Euch wurde das Fasten vorgeschrieben, genauso wie es jenen vorgeschrieben wurde, die vor euch waren; auf dass ihr gottesfürchtig werden möget.“[72]

Dieser Quranvers macht deutlich, dass das Ziel des Fastens das Erlangen von Gottesfurcht ist.

Im Monat Ramadan[73] ist das Fasten Pflicht für alle:

1. Muslime,
2. geistig gesunden,
3. Geschlechtsreifen,
4. die keine Monats- oder Wochenbettblutungen haben,
5. gesund und
6. ortsansässig sind.

Nicht verpflichtet zu fasten sind alle:

1. Nichtmuslime,
2. geistig Behinderten,
3. Kinder, die noch nicht geschlechtsreif sind,
4. Frauen, die ihre Monats- oder Wochenbettblutungen haben,
5. Kranken und
6. Reisenden.

Wer im Monat Ramadan nicht fastet, weil er auf Reisen oder

---

72 2. Sure: El-Baqarah, Vers 183.

73 Dies ist der neunte Monat des Mondjahres. Das Mondjahr dauert lediglich 355 Tage.

krank ist, muss die versäumten Fastentage zu einem späteren Zeitpunkt nachfasten.

Das Fasten auf Reisen ist jedoch gültig und gilt als besonders tugendhaft.

Das Fasten von Kindern ist gültig und tugendhaft und bringt göttlichen Lohn ein.

Voraussetzungen für die Gültigkeit des Fastens

1. Die Absicht:
Damit das Fasten eines Gläubigen von Allah dem Erhabenen akzeptiert wird, ist es notwendig, dass er die Absicht dazu fasst, für das Wohlgefallen Allahsﷻ zu fasten. Wer auf Essen und Trinken und die anderen Dinge verzichtet, die einem Fastenden nicht erlaubt sind, aber nicht die Absicht zum Fasten gefasst hat, dessen Fasten ist keine gottesdienstliche Handlung und wird von Allah dem Erhabenen nicht akzeptiert.

Für die Gültigkeit der Absicht reicht es aus, dass man in seinem Inneren (im Herzen) weiß, was man wofür tut (dass man also für das Wohlgefallen Allahs fastet).

2. Das Freisein von Monats- oder Wochenbettblutungen:
Solange Frauen ihre Monatsblutungen haben oder sich im Wochenbett befinden, dürfen sie nicht fasten. Die versäumten Fastentage müssen sie zu einem späteren Zeitpunkt nachholen.

Der Zeitraum des Fastens und die Zeit des Fassens der Absicht

Das Fasten beginnt mit dem Anbruch der Morgendämmerung und endet mit dem Sonnenuntergang.

Es reicht aus, die Absicht mit dem Herzen zu fassen, man muss diese nicht extra aussprechen.

Ebenfalls als gültige Absicht gilt es, wenn man vor Anbruch der Morgendämmerung aufsteht, um etwas zu essen oder zu trinken. Trotzdem empfehlen viele Gelehrte das Aussprechen der Absichtsbekundung, um eventuelle Zweifel (*Wesweseh*) des Fastenden an der Gültigkeit seines Fastens restlos zu beseitigen.

Für die Gültigkeit des Pflichtfastens (wie das Fasten im Monat Ramadan) und des freiwilligen Fastens ist es notwendig, dass die Absicht dafür zwischen dem Sonnenuntergang des Vorabends des Fastentages und dem Eintritt der *Mekruh*-Zeit des Mittagsgebets des Fastentages gefasst wird.

Dasselbe gilt für dasjenige Gelöbnisfasten, bei dem man gelobt hat, an bestimmten festgesetzten Tagen zu fasten.[74]

Auch wenn die Absicht für das Fasten bis kurz vor Mittag gefasst werden darf, so müssen doch ab Anbruch der Morgendämmerung alle Fastenvorschriften beachtet werden.

Jeder Fastentag im Ramadan ist eine eigene *Ibadeh* für sich. Darum muss für jeden einzelnen Fastentag im Ramadan die Absicht gesondert gefasst werden.

---

74 Beispiel: *„Wenn mir Allah ein Kind schenkt, dann faste ich die ersten zehn Tage des Monats Redscheb."*

Beim Nachholen von Fastentagen und beim Sühnefasten[75] muss die Absicht noch vor Anbruch der Morgendämmerung gefasst werden. Dies gilt genauso für dasjenige Gelöbnisfasten, bei dem der Zeitpunkt des Fastens bei der Ablegung des Gelöbnisses nicht festgelegt wurde[76].

Bei allen Arten des Fastens darf man sich also schon in der Nacht vor dem Fastentag dazu entscheiden, am nächsten Tag zu fasten. Dies bedeutet aber nicht, dass man schon ab dem Zeitpunkt, zu dem man seine Absicht gefasst hat, die Fastenregeln beachten muss. Man darf solange essen und trinken, bis der Morgen anbricht, denn erst mit Anbruch der Morgendämmerung beginnt der Fastentag und erst dann werden die Fastengebote wirksam.

Reisende, Kranke, Schwangere oder Mütter in der Stillzeit, die befürchten, dass ihr Kind durch ihr Fasten Schaden nehmen könnte, dürfen das Fasten verschieben und zu einem späteren Zeitpunkt nachholen.

Sehr schwache und sehr alte Personen dürfen für die Tage, an denen sie zu schwach waren zu fasten, einen Ausgleich (*Fidyeh*) in Form von Lebensmitteln oder Geld an arme Menschen entrichten.

Umstände, die nicht dazu führen, dass das Fasten gebrochen wird

1. Wer aus Vergesslichkeit heraus etwas isst, trinkt oder Geschlechtsverkehr hat, der bricht sein Fasten nicht. Sollte man sich aber während des Essens, des Trinkens oder

75 Das Sühnefasten ist eine Buße für das absichtliche Brechen des Fastens vor dem Sonnenuntergang an einem Tag im Monat Ramadan.

76 Beispiel: *„Wenn mir Allah ein Kind schenkt, dann faste ich zehn Tage."*

des Beischlafs daran erinnern, dass man eigentlich fastet, dann muss man die verbotene Handlung sofort einstellen, sonst hat man sein Fasten gebrochen. Wer einen Fastenden sieht, der versehentlich isst oder trinkt, der muss ihn unverzüglich daran erinnern, dass Fastenzeit ist.

2. Ein Samenerguss, der während des Schlafs durch einen Traum (und nicht durch Körperkontakt) zustande kam.
3. Das Verweilen im *Dschunub*-Zustand bis nach dem Anbruch der Morgendämmerung.
4. Das Herunterschlucken von Spucke, die sich im Mund angesammelt hat oder von Feuchtigkeit, die nach der Ausführung der Teil- oder Ganzkörperwaschung im Mundraum verblieben ist.
5. Das Eindringen von Wasser in die Ohren.
6. Das versehentliche Einatmen von Rauch oder das Verschlucken von Staub, Insekten oder ähnlichem.
7. Das unbeabsichtigte Erbrechen, unabhängig von der Menge des Erbrochenen.
8. Das Schminken der Augen.
9. Die Blutentnahme.
10. Das Berühren des Ehepartners, ohne dass es dabei zum Samenerguss kommt. Durch einen Samenerguss, den man durch das Betrachten einer Frau (ohne sie dabei zu berühren) oder die bloße Vorstellung entsprechender Dinge (ohne dass man dabei sein Geschlechtsorgan berührt hat) bekommen hat, wird das Fasten ebenfalls nicht gebrochen.

Umstände, die das Fasten ungültig machen und das Nachholen des Fastens erfordern

1. Das Essen von Substanzen, die für gewöhnlich nicht gegessen werden, wie Kohle, roher Reis, Mehl, roher Brotteig, Erde, Steine usw.
2. Das Einführen von Medikamenten in den Anus oder das Geschlechtsorgan.
3. Das Träufeln von Medizin in die Nase oder den Hals.
4. Das unbeabsichtigte Verschlucken von Regentropfen, Hagelkörnern oder Schneeflocken.
5. Das unbeabsichtigte Verschlucken von Wasser beim Mundausspülen oder bei der Nasenreinigung (z.B. während der Teilkörperwaschung).
6. Das Essen und Trinken nach der Morgendämmerung, in der Annahme, die Morgendämmerung sei noch nicht angebrochen.
7. Das Fastenbrechen vor Sonnenuntergang, in der Annahme, die Sonne sei bereits untergegangen.
8. Ein Samenerguss, der ohne Geschlechtsverkehr und lediglich durch das Berühren oder das Küssen der Ehefrau oder durch Masturbation erfolgt.
9. Wenn eine ortsansässige Person, die den Tag fastend begonnen hat, im Laufe des Tages verreist und dann das Fasten bricht.
10. Wenn man sich eine Impfung oder ein Medikament per Spritze verabreichen lässt.

Wenn nach Anbruch der Morgendämmerung ein Reisender in seinen Heimatort zurückkehrt, ein Kranker gesund wird oder die Monats- oder Wochenbettblutungen einer Frau enden, dann verhalten sich diese Personen für den Rest des Tages wie Fastende: Sie halten sich bis Sonnenuntergang an alle Fastengebote.

Trotzdem müssen sie diesen Tag zu einem späteren Zeitpunkt nachholen.

Umstände, die das Fasten ungültig machen und sowohl das Nachholen des Fastens als auch eine Sühneleistung erforderlich machen

1. Absichtliches Essen oder Trinken oder absichtlicher Geschlechtsverkehr.
2. Das absichtliche Verschlucken von Regentropfen, Hagelkörnern oder Schneeflocken.
3. Das Rauchen von Zigaretten, Pfeifen oder Ähnlichem.
4. Das Essen und Trinken nachdem man etwas getan hat, von dem man annahm, dass es das Fasten gebrochen habe (z.B. Essen aus Vergesslichkeit), obwohl dies nicht der Fall ist.

Die Sühneleistung des Fastens *(Keffareh)*

Es gibt verschiedene Arten von Sühneleistungen. Diese sind hierarchisch geordnet; man darf also nicht frei wählen, welche Sühneleistung man erbringen will. Erst wenn man nicht dazu in der Lage ist, die übergeordnete Art der Sühneleistung zu erbringen, darf man auf die in der Rangordnung darunter angesiedelte Sühneleistung ausweichen. An erster Stelle steht das Freilassen eines Sklaven. Da es heutzutage in der Regel keine Sklaven mehr gibt, scheidet diese Option aus. Danach folgt das durchgehende Fasten von zwei Monaten (nach dem Mondkalender) am Stück. Man muss also 60 bzw. 59 Tage in Folge – ohne einen einzigen Tag dazwischen auszusetzen – fasten. Zusammen mit dem nachzuholenden Tag ergibt dies 61 (bzw. 60) Tage, die zu fasten sind.

Wenn man – aus gesundheitlichen Gründen – bis zu seinem Lebensende nicht in der Lage ist, zwei Monate durchgehend zu fasten, dann speist man stattdessen 60 Bedürftige jeweils einen Tag lang, morgens und abends, oder einen Bedürftigen 60 Tage lang, ebenfalls zweimal täglich.

Wenn Frauen Sühnefasten müssen, so beeinträchtigt ihre Periode nicht die Gültigkeit ihres Sühnefastens. Sie holen die Tage, an denen sie ihre Monatsblutungen hatten, zu einem späteren Zeitpunkt nach.

Eine Sühneleistung *(Keffareh)* wird nur dann erforderlich, wenn man das Pflichtfasten im Monat Ramadan gebrochen hat. Bricht man ein Fasten außerhalb des Monats Ramadan – auch wenn es sich hierbei um Pflichtfastentage handelt, die nachgeholt werden – so ist hierfür keine Sühneleistung erforderlich. In diesem Fall müssen lediglich jene Tage nachgefastet werden, an denen man das Fasten gebrochen hat.

Wenn man an einem Pflichtfastentag im Monat Ramadan keine Absicht zum Fasten gefasst hat und sich dann tagsüber nicht an die Fastengebote hält, dann muss man hierfür keine Sühneleistung erbringen, da man ohne gültige Absicht gar nicht fasten und folglich auch sein Fasten nicht brechen kann.

Man sollte sich aber von diesem Rechtsurteil nicht dazu verleiten lassen, im Monat Ramadan nicht zu fasten. Denn für jemanden, der zum Fasten im Monat Ramadan verpflichtet ist, ist es eine große Sünde, im Monat Ramadan nicht zu fasten. Wenn man es aber unabsichtlich versäumt hat, die Absicht zu fassen, dann ist dies keine Sünde und man fastet einfach den versäumten Tag zu einem späteren Zeitpunkt nach.

Kurz gesagt: Eine Sühneleistung für das Fasten wird nur dann fällig, wenn man unentschuldigt und vorsätzlich ein beabsichtigtes und bereits begonnenes Fasten im Monat Ramadan gebrochen hat.

Wer in der Nacht isst, um sich damit für das Fasten des nächsten Tages zu stärken, erhält dafür göttlichen Lohn. Genauso verhält es sich mit einer Mahlzeit, die man kurz vor der Morgendämmerung einnimmt. Diese Mahlzeit nennt man *Sahur*.

Darüber hinaus erhält man göttlichen Lohn dafür, dass man das Fasten möglichst früh bricht (also sofort nachdem die Zeit des Fastenbrechens angebrochen ist), das Fasten mit Datteln oder mit Wasser bricht oder folgendes Bittgebet vor dem Brechen des Fastens spricht:

بِسْمِ اللهِ اللَّهُمَّ لَكَ صُمْتُ وَعَلَى رِزْقِكَ أَفْطَرْتُ تَقَبَّلْ مِنِّي إِنَّكَ أَنْتَ السَّمِيعُ

„Mit dem Namen Allahs (breche ich mein Fasten). O Allah! Für Dich habe ich gefastet und mit der Nahrung, die Du uns gibst, breche ich mein Fasten. Nimm (diese Ibadeh) von mir an! Wahrlich bist Du der Allhörende, der Allwissende.“

Der Ausgleich für die Entbindung von der Pflicht zu Fasten *(Fidyeh)*

Nur Menschen, die so alt oder so schwach sind, dass sie nicht mehr dazu in der Lage sind zu fasten, dürfen sich von der Verpflichtung des Fastens enthalten. Altersschwache oder chronisch kranke Menschen, die nicht in der Lage sind zu fasten und auch nicht in der Lage sind, dieses Fasten zu einem späteren Zeitpunkt nachzuholen, leisten für jeden versäumten Pflichtfastentag folgenden Ausgleich: Sie speisen morgens und abends einen Bedürftigen oder spenden den Gegenwert dieser zwei Mahlzeiten an einen Bedürftigen. Der Geldwert der *Fidyeh* richtet sich nach den Lebensmittelpreisen vor Ort. Deshalb kann die *Fidyeh* von Ort zu Ort und von Zeit zu Zeit unterschiedlich hoch ausfallen.

Das Almosen am Ende des Fastenmonats *(Sadeqatul Fitr* oder *Zekatul Fitr)*

Die Entrichtung der *Sadeqatul Fitr* am Morgen des Festtages des Fastenbrechens (*Idul Fitr)* ist *wadschib* für jeden wohlhabenden Muslim. Diese Spende darf nur an bedürftige Muslime ausgehändigt werden.

Mit „wohlhabend" sind hier alle Personen gemeint, die dazu verpflichtet sind, die Pflichtabgabe (*Zekah*) zu entrichten.[77]

Ausschlaggebend für die Verpflichtung der Entrichtung der *Sadeqatul Fitr* ist der Wohlstand, den man am Morgen des *Idul Fitr* besitzt. Hierbei spielt es keine Rolle, ob sich das Vermögen bereits ein Jahr lang im Besitz des Gläubigen befindet (wie bei der Verpflichtung zur Zahlung der *Zekah*) oder nicht. Demnach müssen also auch Personen die *Sadeqatul Fitr* bezahlen, die erst kurz vor- oder sogar erst am Morgen des *Idul-Fitr* wohlhabend geworden sind.

Selbstverständlich dürfen auch nichtwohlhabende Muslime die *Sadeqatul-Fitr* entrichten; dies ist sehr tugendhaft und segensreich.

---

77 Nach den islamischen Rechtsgelehrten gilt derjenige als wohlhabend, der über seinen Grundbedarf hinaus ein Vermögen (Güter oder Geld) im Gegenwert von mindestens 90 Gramm Gold besitzt. Siehe auch das folgende Thema: Die Pflichtabgabe (*Zekah*).

Die *Sadeqatul Fitr* wird fällig, sobald der Morgen des *Idul-Fitr* (der erste Tag nach Ramadan) angebrochen ist. Sie muss spätestens bis zum Beginn des Festtagsgebets entrichtet werden. Sie darf allerdings auch schon einige Tage vorher ausgehändigt werden. Falls man die *Sadeqatul Fitr* bis zum Beginn des Festtagsgebets noch nicht den Bedürftigen übergeben hat, holt man dies so schnell als möglich nach. Falls man diese Verspätung selbst verschuldet hat, dann muss man zusätzlich dazu Allah den Erhabenen um Vergebung bitten.

Um den Bedürftigen eine größere Freude zu bereiten, empfiehlt es sich, mit der Gabe der *Sadeqatul-Fitr* nicht bis zum letzten Moment zu warten, sondern diese schon vorzeitig zu spenden.

Das Familienoberhaupt ist dazu verpflichtet, neben der *Sadeqatul Fitr* für sich selbst diese auch für seine Frau und seine Kinder zu entrichten, also jeweils pro Kopf für jedes einzelne Familienmitglied.

Die *Sadeqatul Fitr* ist die Versorgung eines Bedürftigen mit Lebensmitteln für einen Tag (morgens und abends). Diese Gabe kann aus Datteln, Gerste, Rosinen, Weizen oder Mehl bestehen. Am besten ist es für den Empfänger der Spende, wenn man ihm den Gegenwert der *Sadeqatul-Fitr* in Bargeld aushändigt.

Als Empfänger dieser Spende sollte man die eigenen Verwandten und Nachbarn bevorzugen.[78]

---

78 Genauso ist es bei der Entrichtung der *Fidyeh*, der *Zekah* und allen Arten von Spenden: Als allererstes sollte man immer jenen geben, die es am meisten von einem erwarten, also den Verwandten und Nachbarn.

Die Pflichtabgabe *(Zekah)*

Die Entrichtung der *Zekah* ist der vierte Grundpfeiler des Islam.

Die Entrichtung der *Zekah* ist die Pflicht aller:

1. geistig gesunden,
2. freien (d.h. die keine Sklaven sind),
3. geschlechtsreifen,
4. wohlhabenden
5. Muslime (sowohl Männer als auch Frauen).

Welche Bedeutung Allah der Erhabene der *Zekah* beimisst, wird dadurch deutlich, dass diese an fast vierzig Stellen im Edlen Quran Erwähnung findet. Jeder Gläubige ist daher dazu verpflichtet, anzuerkennen, dass die Entrichtung der *Zekah* verpflichtend ist. Wer dies leugnet, fällt vom Glauben ab (möge Allah uns davor bewahren!). Wer diese Pflicht zwar nicht leugnet, aber ihr trotzdem nicht oder nur teilweise nachkommt, macht sich einer großen Sünde schuldig.

Allah der Erhabene ist der Herr aller Welten und der eigentliche Besitzer aller Güter. Er räumte den Bedürftigen das Recht auf den Erhalt der *Zekah* ein.

Die Pflichtabgabe reinigt das Eigentum der Reichen und mehrt ihren Besitz. Sie sorgt für soziale Gerechtigkeit innerhalb der Gemeinschaft, kuriert die Hartherzigkeit und Habgier der Menschen und ist somit ein Meilenstein auf dem Weg zur Erlangung spiritueller Freiheit.

Wohlstand verpflichtet

Wohlhabend ist ein Muslim, wenn er – über seinen Grundbedarf hinaus – ein Vermögen im Gegenwert von ca. 90 Gramm Gold besitzt[79] und dieses sich ein Jahr lang in seinem Besitz befindet. Am Ende dieses Jahres (hierbei dient das Mondjahr mit 355 Tagen als Berechnungsbasis) ist er dazu verpflichtet, ein Vierzigstel (2,5 Prozent) seines Vermögens[80] an die Bedürftigen abzugeben.

Die *Zekah* kann direkt von dem Vermögen genommen werden, das man angesammelt hat (indem man beispielsweise ein Vierzigstel des Goldes entnimmt, das man besitzt), oder man bezahlt ihren Gegenwert in Geld.

Definition des Grundbedarfs

Alle Dinge des täglichen Bedarfs, die sich im Besitz des Muslims befinden und von ihm nicht kommerziell verwendet werden, gelten als sein Grundbedarf. So zählen Dinge wie die Wohnung, das Fortbewegungsmittel (also ein Auto, ein Fahrrad oder ein Motorroller), die Kleidung, die Haushaltsgeräte, die Arbeitsutensilien, die Bücher und der Nahrungsmittelvorrat für sich selbst und die Angehörigen seines Haushalts für ein Jahr zum Grundbedarf des Muslims.

Vieh, landwirtschaftliche Erzeugnisse, Handels- und Produktionsgüter, Bodenschätze und regelmäßige Einkünfte, wie beispielsweise Mieteinnahmen, zählen nicht zum Grundbedarf des Muslims und sind deshalb *zekah*-pflichtig, sobald sie den

79 Dies können Gold, Silber, Geld, Handelswaren und Ähnliches sein.

80 Also wieder das Vermögen, das sich über den Grundbedarf hinaus angesammelt hat.

Gegenwert von 90 Gramm Gold überschreiten und sich ein Jahr lang in seinem Besitz befinden.

Detailliertere Informationen zu diesem Thema finden sich in den islamischen Rechtsbüchern.

Das Schlachtopfer des Opferfestes

Am Opferfest ein Schlachtopfer darzubringen ist für alle wohlhabenden Muslime *wadschib*, egal ob es sich dabei um Männer oder Frauen handelt.

Im Edlen Quran heißt es hierzu:

فَصَلِّ لِرَبِّكَ وَانْحَرْ

„So verrichte das Gebet für deinen Herrn und schlachte!"[81]

Und unser Prophet Muhammed ﷺ sagte:

مَنْ وَجَدَ سَعَةً لِأَنْ يُضَحِّيَ فَلَمْ يُضَحِّ ، فَلاَ يَحْضُرْ مُصَلاَّنَا

„Wer die Möglichkeit dazu hat, ein Schlachtopfer darzubringen, dann aber keines darbringt, der soll sich unserer Gebetsstätte nicht nähern!"[82]

Wer über seinen Grundbedarf hinaus über ein Vermögen im Gegenwert von mindestens 90 Gramm Gold verfügt, für den ist das Schächten eines Opfertieres *wadschib*. Dabei wird – genau wie bei der *Sadeqatul Fitr* – nicht vorausgesetzt, dass sich dieses Vermögen ein Jahr lang in seinem Besitz befindet. Er muss also

81 108. Sure: El-Kewther, Vers 2.
82 Beyhaqi: Sunenul Kubra, 18791; Hakim: Mustedrek, 3468.

auch ein Opfertier darbringen, wenn er seinen Wohlstand erst am Tage des Opferfestes erwirbt.

Nach der Ansicht einiger islamischer Gelehrter reicht es aus, wenn das wohlhabende Familienoberhaupt stellvertretend für alle Familienmitglieder ein Schlachtopfer darbringt.

Als Opfertier eignen sich alle Arten von Schafen, Ziegen, Rindern, Büffeln und Kamelen. Das Geschlecht der Tiere spielt dabei keine Rolle.

Bis zu sieben Personen dürfen sich ein Rind oder ein Kamel als Opfertier teilen. Jeder dieser sieben Anteile gilt dann als vollwertiges Schlachtopfer. Schafe oder Ziegen können hingegen nicht geteilt werden. Sie gelten lediglich als das Schlachtopfer einer einzigen Person.

Die oben aufgeführten Opfertiere können sowohl als Schlachtopfer für das Opferfest als auch als Gelöbnisopfer, Dankopfer oder *Aqiqah* (Dankopfer für ein neugeborenes Kind) dargebracht werden. Alle geopferten Tiere dürfen von der Person, die sie geopfert hat, und von deren Familie gegessen werden, außer das Gelöbnisopfer. Dieses muss komplett gespendet werden und darf nicht selbst verspeist werden.

Bei der Darbringung eines Opfertieres sollte man sich vor Augen führen, dass man das Tier für das Wohlgefallen Allahs und nicht seines Fleisches wegen schlachtet. Dadurch wird dieser Vorgang zu einer reich belohnten *Ibadeh* und man bereitet den Bedürftigen, denen man etwas von dem Fleisch abgibt, eine große Freude.

Die Pilgerfahrt *(Hadsch)*

Die Pilgerfahrt ist die fünfte Säule des Islam. Sie ist die Pflicht (*Fard*) aller Muslime, die dazu in der Lage sind, sie auszuführen. Man sollte diese wie alle anderen Pflichten sehr ernst nehmen, denn wer es unterlässt, einen Pflichtgottesdienst auszuführen, dessen Religion bleibt unvollständig und unbeständig.

Im Edlen Quran heißt es zur Verpflichtung zur Pilgerfahrt:

وَلِلَّهِ عَلَى النَّاسِ حِجُّ الْبَيْتِ مَنِ اسْتَطَاعَ إِلَيْهِ سَبِيلً

„Und gegenüber Allah ist die Hadsch zum Hause (Gottes) eine Pflicht des Menschen; wer immer (von ihnen) dazu in der Lage ist.“[83]

وَأَتِمُّوا الْحَجَّ وَالْعُمْرَةَ لله

„Und vollzieht die Hadsch (Pilgerfahrt) und die Umreh für Allah.“[84]

Mit dem Begriff „Hadsch“ bezeichnet man den Besuch bestimmter Orte (wie die Kaaba oder den Berg Arafat) zu bestimmten Zeiten (im Pilgermonat) mit der Absicht, bestimmte Gottesdienste (wie das Begeben in den Weihezustand der *Hadsch*, die Umrundung der Kaaba und das Stehen am Berg Arafat am Tag von Arafat) für das Wohlgefallen Allahs ﷻ zu verrichten.

Die gottesdienstlichen Pflichthandlungen der Pilgerfahrt werden am Vortag des Opferfestes (also am Tag von Arafat) und an den folgenden vier Tagen verrichtet.

83 3. Sure: Ali Imran, Vers 97.
84 2. Sure: El-Baqarah, Vers 196.

Auf der Pilgerfahrt besucht man für gewöhnlich folgende Orte: In Mekka die Kaaba, Arafat, Mina und Muzdelifeh sowie in Medina die Moschee des Gesandten Allahs ﷺ und dessen Grab.

Besondere Gottesdienste der *Hadsch* sind das Tragen des Weihegewandes (*Ihram*), die siebenmalige Umrundung der Kaaba, das traditionelle Stehen (*Waqfe*) zum Bittgebet am Hügel Arafat, das Darbringen eines Schlachtopfers und die Steinigung des verfluchten Satans bei Mina.

Die *Hadsch* ist die Pflicht aller:

1. Freien,
2. geistig gesunden,
3. geschlechtsreifen
4. Muslime,
5. die körperlich, gesundheitlich und finanziell dazu in der Lage sind.

Wer zwar finanziell dazu in der Lage ist, die *Hadsch* auszuführen, aber so sehr chronisch krank ist, dass er die *Hadsch* jetzt und auch in Zukunft nicht ausführen kann, der darf eine andere Person als Stellvertreter für sich auf *Hadsch* schicken.

Die *Umreh*

Die *Umreh* ist eine segensreiche *Ibadeh*, die daraus besteht, dass man außerhalb der sogenannten *Hadsch*-Tage[85] das Weihegewand (*Ihram*) anzieht, die Kaaba siebenmal umrundet und siebenmal die Strecke zwischen den Hügeln *Safa* und *Merweh* zurücklegt.

85 Diese beginnen mit dem Tag von Arafat und enden vier Tage danach.

Die *Umreh* kann außerhalb der *Hadsch-Tage* jederzeit durchgeführt werden.

Wichtig ist, dass man sich stets die eigentlichen Ziele der Pilgerfahrt und der *Umreh* vor Augen führt: Das Verrichten segensreicher Gottesdienste, das Erbitten der Vergebung der Sünden von Allah dem Erhabenen, das Stärken der Aufopferungsbereitschaft auf dem Wege Allahs durch das Schächten der Opfertiere und die Erweiterung der religiösen Kenntnisse, indem man diejenigen Orte besucht, von denen aus der Islam seinen Ausgang nahm. Darüber hinaus wird die *Hadsch* auch als eine spirituelle Vorbereitung auf den Jüngsten Tag verstanden; den Tag, an dem sich die gesamte Menschheit an einem Ort versammeln und ihren Herrn um Seine Gnade und Vergebung bitten wird.

Genaueres zur Pilgerfahrt und zur *Umreh* findet sich in den islamrechtlichen Standardwerken.

Bittgebete

Der Gesandte Allahs (s.a.w.s) sagte:

„Das Bittgebet ist die Essenz des Gottesdienstes.“[86]

Wenn sich der Gläubige im Bittgebet seinem Schöpfer zuwendet, dann sollte er erkennen, dass Dieser allmächtig und er selbst ohnmächtig ist. Dies ist der beste Zustand, um Allahﷻ um die Erfüllung seiner Wünsche zu bitten.

Das Bittgebet ist der wirksamste Schutz des Gläubigen vor den Angriffen seiner beiden Erzfeinde, dem verfluchten Satan und

86 Tirmidhi: Sunen, 12/62 (3698).

der Triebseele (*Nefs*), und überhaupt vor allen Dingen, die ihn davon abhalten, ein frommer Gottesdiener zu sein.

Sowohl der Gesandte Allahs ﷺ als auch die Gelehrten hinterließen uns zahllose Bittgebete für alle nur denkbaren Anlässe. Mit manchen von diesen bittet man um Gesundheit, Wohlstand oder Glückseligkeit im Diesseits und im Jenseits und mit anderen erbittet man den Schutz vor Krankheit, Unheil oder Gefahren. Ihre Bittgebete dienen uns als Beispiel dafür, wie wir unsere eigenen Bittgebete gestalten sollten.

Im Folgenden wollen wir einige dieser überlieferten Bittgebete aufführen. Wer will kann diese auswendig lernen und bei Bedarf einsetzen. Das Sprechen dieser Bittgebete enthält viel Segenskraft und bringt viel göttlichen Lohn mit sich.

Das Bittgebet nach dem Essen oder Trinken:

الْحَمْدُ لِلّٰهِ الَّذِي أَطْعَمَنَا وَسَقَانَا وَجَعَلَنَا مُسْلِمِينَ

„Gelobt sei Allah, Der uns zu essen und zu trinken gab und uns zu Muslimen machte."

Das Bittgebet nach der rituellen Waschung:

أَشْهَدُ أَنْ لاَ إِلَهَ إِلاَّ اللّٰهُ وَأَشْهَدُ أَنَّ مُحَمَّدًا عَبْدُهُ وَرَسُولُهُ

اللّٰهُمَّ اجْعَلْنِي مِنَ التَّوَّابِينَ وَاجْعَلْنِي مِنَ الْمُتَطَهِّرِينَ

„Ich bezeuge, dass es keinen Gott außer Allah gibt und ich bezeuge, dass Muhammed Sein Diener und Gesandter ist.

O Allah! Mache mich zu einem der Reumütigen und mache mich zu einem der sich Läuternden!"

Das Bittgebet beim Betreten oder Verlassen des Hauses:

اللَّهُمَّ إِنِّي أَسْأَلُكَ خَيْرَ الْمَوْلِجِ وَخَيْرَ الْمَخْرَجِ بِسْمِ اللَّهِ وَلَجْنَا وَبِسْمِ اللَّهِ خَرَجْنَا وَعَلَى اللَّهِ رَبِّنَا تَوَكَّلْنَا

„O Allah! Ich bitte Dich um ein gutes Eintreten (in das Haus) und ein gutes Hinaustreten (aus dem Haus). Mit dem Namen Allahs betreten wir (die Wohnstätte) und mit dem Namen Allahs verlassen wir (die Wohnstätte). Und wir vertrauen allein auf Allah, unseren Herrn."

Das Bittgebet beim Verlassen des Hauses:

بِسْمِ اللهِ آمَنْتُ بِاللهِ وَ تَوَكَّلْتُ عَلَى اللهِ وَ اعْتَصَمْتُ بِاللهِ وَ فَوَّضْتُ أَمْرِي إِلَى اللهِ لاَ

„Mit dem Namen Allahs. Ich glaube an Allah und vertraue auf Allah und ich suche Schutz bei Allah und überlasse meine Angelegenheiten Allah. Es gibt keine Macht (um ein Unheil abwenden zu können) und keine Fähigkeit (um Allah gehorsam sein zu können) außer durch (die Barmherzigkeit und den Großmut) Allahs, des Hocherhabenen und Allgewaltigen!"

Die Bittgebete vor dem Zubettgehen:

بِاسْمِكَ اللَّهُمَّ أَمُوتُ وَأَحْيَا

„Mit Deinem Namen – o Allah – sterbe ich und lebe ich."

Wenn der Gesandte ﷺ zu Bett ging, dann wandte er sein Gesicht in Richtung *Qibleh*, legte seine rechte Hand unter seine rechte Gesichtshälfte und sprach:

رَبِّ قِنِي عَذَابَكَ يَوْمَ تَبْعَثُ عِبَادَكَ

„Mein Herr! Schütze mich vor Deiner Bestrafung an jenem Tage, an dem Du Deine Diener auferweckst.“ [87]

Es ist *Sunneh*, vor dem Einschlafen die Sure *El-Fatiha*, die *Ayetul Kursi*, die Sure *El-Kafirun,* sowie jeweils dreimal die Sure *El-Ikhlas*, die Sure *El-Felaq* und die Sure *En-Nas* zu sprechen. Dies darf man auch im Zustand der kleinen rituellen Unreinheit tun. Nur im Zustand der großen rituellen Unreinheit, in der Menstruation oder im Wochenbett ist dies nicht erlaubt. Dies schützt vor allen Unglücksfällen – einschließlich eines schlimmen Todes.

Wer von einem Alptraum aus dem Schlaf gerissen wird oder vor lauter Angst nicht einschlafen kann, der sollte die Sure *Qureysch* rezitieren. Dies vertreibt die Angst.

Das Bittgebet im Zustand der Angst:

Der Gesandte Allahs ﷺ empfahl uns, folgendes Bittgebet zu sprechen, wenn uns die Angst vor Dschinnen, Teufeln, Dunkelheit, Einsamkeit oder Ähnlichem packt:

أَعُوذُ بِكَلِمَاتِ اللّٰهِ التَّامَّةِ مِنْ غَضَبِهِ وَشَرِّ عِبَادِهِ وَمِنْ هَمَزَاتِ الشَّيَاطِينِ وَأَنْ يَحْضُرُونِ

„Bei den vollkommenen Worten Allahs[88] suche ich meine Zuflucht vor Seinem Zorn und vor dem Übel Seiner Diener

87 Vgl.: Nesa'i: Sunenul Kubra, 10596.

88 Damit könnte sowohl der Edle Quran als auch die Eigenschaft des Sprechens Allahs ﷻ gemeint sein.

und vor den Einflüsterungen der Teufel und vor deren Anwesenheit.“[89]

Das Bittgebet nach dem Aufwachen:

الْحَمْدُ لِلَّهِ الَّذِي أَحْيَانَا بَعْدَ مَا أَمَاتَنَا وَإِلَيْهِ النُّشُور

„Gelobt sei Allah, Der uns zum Leben erweckte nachdem Er uns versterben ließ. Und zu Ihm ist die Rückkehr (nach der Auferweckung).“[90]

Das Bittgebet beim Betreten einer Moschee:

Moscheen sollte man immer mit dem rechten Fuß voran betreten und dabei folgendes Bittgebet sprechen:

بِسْمِ اللهِ اَللَّهُمَّ صَلِّ عَلَى سَيِّدِناَ مُحَمَّدٍ وَ اغْفِرْ لِي وَ افْتَحْ لِي أَبْوَابَ رَحْمَتِك

„Mit dem Namen Allahs (betrete ich diese Moschee). O Allah! Segne unseren Herrn Muhammed und vergib mir (meine Sünden und Fehler) und öffne mir die Tore Deiner Barmherzigkeit!“

Das Bittgebet beim Verlassen einer Moschee:

Moscheen sollte man immer mit dem linken Fuß voran verlassen und dabei folgendes Bittgebet sprechen:

بِسْمِ اللهِ اَللَّهُمَّ صَلِّ عَلَى سَيِّدِناَ مُحَمَّدٍ وَ اغْفِرْ لِي اللَّهُمَّ إِنِّي أَسْأَلُكَ مِنْ فَضْلِك

89 Ebu Dawud: Sunen, 3893 (bzw. 3895).
90 Bukhari, 6312, 6314, 6324, 7394.

„Mit dem Namen Allahs (verlasse ich diese Moschee). O Allah! Segne unseren Herrn Muhammed und vergib mir (meine Sünden und Fehler). O Allah! Ich bitte Dich um Deine Gnade.“

Kurze Bittgebete zu besonderen Anlässen:

Jede Tat, mit der man etwas Gutes und religiös Erlaubtes bezweckt, sollte man unbedingt mit der *Besmeleh* („Bismillahirahmanirahim“) beginnen.

Wenn einem etwas Gutes widerfahren ist oder sich etwas Positives ereignete, dann dankt man Allah dem Erhabenen, Der die eigentliche Ursache aller Wohltaten ist, am besten, indem man den Lobpreis *„Elhamdulillah“* („Gelobt sei Allah!“) spricht.

Wenn man eine schwere Aufgabe zu bewältigen hat, dann empfiehlt sich das Aufsagen der Formel: *„La Hawleh we la Quwweteh illa Billahil Aliyyil Adhim!“* [„Es gibt keine Macht (um ein Unheil abwenden zu können) und keine Fähigkeit (um Allah gehorsam sein zu können) außer durch (die Barmherzigkeit und den Großmut) Allahs, des Hocherhabenen und Allgewaltigen!“].

Wann man nach der Lösung von Problemen sucht oder mit Stress belastet ist, dann eignet sich der Ausruf: ***„Hasbiyallah we ni’mel Wekil“*** („Allah ist mir Genüge. Und was für ein guter Vertreter meiner Angelegenheiten Er doch ist!“).

Wenn man einen Fehltritt oder eine Sünde begangen hat, dann sagt man: ***„Estaghfirullah“*** („Ich bitte Allah um Vergebung“).

Die genannten Bittgebete und Gebetsformeln können nicht oft genug aufgesagt werden!

Suren und Bittgebete, die Bestandteil des Gebetes sind

Der Lobpreis *Subhaneke*:

سُبْحَانَكَ اللّٰهُمَّ وَبِحَمْدِكَ وَتَبَارَكَ اسْمُكَ وَتَعَالَى جَدُّكَ (وَ جَلَّ ثَنَآؤُكَ) وَلاَ إِلَهَ غَيْرُكَ

Erhaben bist Du, o Allah [über alle nichtgöttlichen und menschlichen Eigenschaften]. Dir gebührt alles Lob. Dein Name ist gesegnet und hocherhaben ist Deine Herrschaft. Und es gibt keinen Gott außer Dir.

Die Grußformel *Ettehiyyatu*:

اَلتَّحِيَّاتُ لِلَّهِ وَالصَّلَوَاتُ وَالطَّيِّبَاتُ؛ اَلسَّلاَمُ عَلَيْكَ أَيُّهَا النَّبِيُّ وَرَحْمَةُ اللهِ وَبَرَكَاتُهُ؛
اَلسَّلاَمُ عَلَيْنَا وَعَلَى عِبَادِ اللهِ الصَّالِحِينَ؛ أَشْهَدُ أَنْ لاَ إِلَهَ إِلاَّ اللهُ وَأَشْهَدُ أَنَّ
مُحَمَّدًا عَبْدُهُ وَرَسُولُهُ

Alle Grüße [d.h. alle Arten des mündlichen Gottesdienstes, wie Gottgedenken und Bittgebete], alle Anbetungen [d.h. alle Arten des Gottesdienstes, die mit dem Körper verrichtet werden, wie Gebet und Fasten] und alle guten Taten [d.h. alle Arten des materiellen Gottesdienstes, wie das Entrichten der Pflichtabgabe und das Geben freiwilliger Spenden] sind (allein) für Allah.

Friede sei mit dir, o Prophet, und die Barmherzigkeit Allahs und Seine Segnungen. Friede sei mit uns und den frommen Dienern Allahs. Ich bezeuge, dass es keinen Gott außer Allah gibt und ich bezeuge, dass Muhammed Sein Diener und Sein Gesandter ist.

Die Segensformel *Allahumme Salli*:

اللَّهُمَّ صَلِّ عَلَى مُحَمَّدٍ ، وَعَلَى آلِ مُحَمَّدٍ كَمَا صَلَّيْتَ عَلَى إِبْرَاهِيمَ ، وَعَلَى آلِ إِبْرَاهِيمَ
إِنَّكَ حَمِيدٌ مَجِيدٌ

„O Allah! Segne Muhammed und die Angehörigen Muhammeds, genauso wie Du Ibrahim und die Angehörigen Ibrahims gesegnet hast. Wahrlich, Du bist der Gelobte, der Ruhmreiche.“

Die Segensformel *Allahumme Barik*:

اللَّهُمَّ بَارِكْ عَلَى مُحَمَّدٍ ، وَعَلَى آلِ مُحَمَّدٍ كَمَا بَارَكْتَ عَلَى إِبْرَاهِيمَ ، وَعَلَى آلِ إِبْرَاهِيمَ
إِنَّكَ حَمِيدٌ مَجِيد

„O Allah! Vermehre Muhammed und der Familie Muhammeds [die Ehre und Erhabenheit], genauso wie Du Ibrahim und der Familie Ibrahims [die Ehre und die Erhabenheit] vermehrt hast. Wahrlich, Du bist Der Gelobte, Der Ruhmreiche.“[91]

91 Manche Gelehrte deuten die „Vermehrung der Ehre und Erhabenheit“ des Propheten als „Andauern der Ehre und Erhabenheit“, da der Prophet ﷺ bereits die höchste Stufe von Ehre und Erhabenheit erreicht hat und diese folglich gar nicht mehr vermehrt werden können.

Das Bittgebet *Rabbena Atina*:

رَبَّنَا آتِنَا فِي الدُّنْيَا حَسَنَةً وَفِي الآخِرَةِ حَسَنَةً وَقِنَا عَذَابَ النَّارِ

„Unser Herr! Gib uns im Diesseits Gutes und im Jenseits Gutes. Und bewahre uns vor der Bestrafung im Höllenfeuer."

Das Bittgebet *Rabbenaghfirli*:

رَبَّنَا اغْفِرْ لِي وَلِوَالِدَيَّ وَلِلْمُؤْمِنِينَ يَوْمَ يَقُومُ الْحِسَابُ

„Unser Herr! Vergib mir und meinen Eltern und allen Gläubigen an dem Tag, an dem die Rechenschaft abgelegt wird."

Die *Qunut*-Bittgebete im *Witr*-Gebet:

اللَّهُمَّ إِنَّا نَسْتَعِينُكَ وَ نَسْتَغْفِرُكَ وَ نَسْتَهْدِيكَ، وَ نُؤْمِنُ بِكَ وَ نَتُوبُ اِلَيْكَ وَنَتَوَكَّلُ
عَلَيْكَ وَنُثْنِي عَلَيْكَ الْخَيْرَ كُلَّهُ؛ نَشْكُرُكَ وَلَا نَكْفُرُكَ؛ وَنَخْلَعُ وَنَتْرُكُ مَنْ يَفْجُرُكَ
اللَّهُمَّ إِيَّاكَ نَعْبُدُ ، وَلَكَ نُصَلِّي وَنَسْجُدُ ، وَإِلَيْكَ نَسْعَى وَنَحْفِدُ ؛ نَرْجُو رَحْمَتَكَ

„O Allah! Wir bitten Dich um Deinen Beistand, Deine Vergebung und Deine Rechtleitung. Wir glauben an Dich, wenden uns Dir in Reue zu und vertrauen auf Dich. Wir preisen Dich im Guten. Wir danken Dir und verleugnen Dich nicht. Wir sagen uns von all jenen los und lassen von all jenen ab, die Deinen Geboten keine Beachtung schenken.

O Allah! Nur Dir dienen wir, nur zu Dir beten wir und nur vor Dir werfen wir uns nieder. Wir eilen zu Dir und dienen Dir. Wir hoffen auf Deine Gnade und fürchten Deine Strafe.

Denn wahrlich, die Ungläubigen fallen Deiner Strafe anheim.“

Das Glaubensbekenntnis *Amentu*:

آمَنْتُ بِاللّٰهِ وَمَلَائِكَتِهِ وَكُتُبِهِ وَرُسُلِهِ وَالْيَوْمِ الآخِرِ وَ بِالْقَدَرِ, خَيْرِهِ وَشَرِّهِ مِنَ اللّٰهِ تَعَالَى, وَ الْبَعْثُ بَعْدَ الْمَوْتِ حَقٌّ.

أَشْهَدُ أَنْ لاَ إِلَهَ إِلاَّ اللّٰهُ وَأَشْهَدُ أَنَّ مُحَمَّدًا عَبْدُهُ وَرَسُولُهُ

„Ich glaube an Allah, Seine Engel, Seine (heiligen) Bücher, Seine Gesandten und an den Jüngsten Tag. Und (ich glaube) daran, dass alles Gute und alles Schlechte von Allah dem Erhabenen vorherbestimmt und die Auferstehung nach dem Tode real ist. Ich bezeuge, dass es keine Gottheit außer Allah gibt, und ich bezeuge, dass Muhammed Sein Diener und Sein Gesandter ist.“

Die Sure ***El-Fatiha***:

بِسْمِ اللّٰهِ الرَّحْمَنِ الرَّحِيمِ

(١) الْحَمْدُ لِلّٰهِ رَبِّ الْعَالَمِينَ (٢) الرَّحْمَنِ الرَّحِيمِ (٣) مَالِكِ يَوْمِ الدِّينِ (٤) إِيَّاكَ نَعْبُدُ وَإِيَّاكَ نَسْتَعِينُ (٥) اهْدِنَا الصِّرَاطَ الْمُسْتَقِيمَ (٦) صِرَاطَ الَّذِينَ أَنْعَمْتَ عَلَيْهِمْ غَيْرِ الْمَغْضُوبِ عَلَيْهِمْ وَلَا الضَّالِّينَ (٧)

Mit dem Namen Allahs, des Erbarmers, des Barmherzigen. (1) Lob sei Allah, dem Herrn der Welten, (2) dem Erbarmer, dem Barmherzigen, (3) dem Herrscher am Tage des Gerichts. (4) Dir allein dienen wir, und Dich allein bitten wir um Hilfe. (5) Leite uns den rechten Weg. (6) Den Weg derer, denen Du

Gnade erwiesen hast, nicht den (Weg) derer, denen Du zürnst und nicht den (Weg) der Irregehenden.

Die ersten fünf Verse der Sure *El-Baqarah*:

بسم الله الرحمن الرحيم

الم (١) ذَٰلِكَ الْكِتَابُ لَا رَيْبَ فِيهِ هُدًى لِلْمُتَّقِينَ (٢) الَّذِينَ يُؤْمِنُونَ بِالْغَيْبِ وَيُقِيمُونَ
الصَّلَاةَ وَمِمَّا رَزَقْنَاهُمْ يُنْفِقُونَ (٣) وَالَّذِينَ يُؤْمِنُونَ بِمَا أُنْزِلَ إِلَيْكَ وَمَا أُنْزِلَ مِنْ قَبْلِكَ
وَبِالْآخِرَةِ هُمْ يُوقِنُونَ (٤) أُولَٰئِكَ عَلَىٰ هُدًى مِنْ رَبِّهِمْ وَأُولَٰئِكَ هُمُ الْمُفْلِحُونَ (٥)

Mit dem Namen Allahs, des Erbarmers, des Barmherzigen. (1) Elif-Lam-Mim. (2) Dieses Buch, daran gibt es keinen Zweifel, ist eine Rechtleitung für die Gottesfürchtigen, (3) die an das Verborgene glauben, das Gebet verrichten und von dem, womit Wir sie versorgt haben, (anderen) ausgeben (4) und die an das glauben, was zu dir [an Offenbarung] herabgesandt worden ist und an das, was vor dir [an die anderen Gesandten] herabgesandt wurde und die vom Jenseits überzeugt sind. (5) Jene folgen einer Rechtleitung von ihrem Herrn, und das sind diejenigen, denen es wohlergeht.

Die Sure *El-Fil*:

بسم الله الرحمن الرحيم

أَلَمْ تَرَ كَيْفَ فَعَلَ رَبُّكَ بِأَصْحَابِ الْفِيلِ (١) أَلَمْ يَجْعَلْ كَيْدَهُمْ فِي تَضْلِيلٍ (٢) وَأَرْسَلَ
عَلَيْهِمْ طَيْرًا أَبَابِيلَ (٣)
تَرْمِيهِمْ بِحِجَارَةٍ مِنْ سِجِّيلٍ (٤) فَجَعَلَهُمْ كَعَصْفٍ مَأْكُولٍ (٥)

Mit dem Namen Allahs, des Erbarmers, des Barmherzigen. Siehst du nicht, wie dein Herr mit den Leuten des Elefanten verfuhr? (2) Hat Er nicht ihren Plan scheitern lassen (3) und Vögel in Scharen über sie geschickt, (4) die sie mit Steinen aus gebranntem Lehm bewarfen, (5) und sie so wie abgefressene Halme gemacht?

Die Sure *Quraisch*:

بسم الله الرحمن الرحيم

لِإِيلَافِ قُرَيْشٍ (١) إِيلَافِهِمْ رِحْلَةَ الشِّتَاءِ وَالصَّيْفِ (٢)

فَلْيَعْبُدُوا رَبَّ هَذَا الْبَيْتِ (٣)

الَّذِي أَطْعَمَهُمْ مِنْ جُوعٍ وَآمَنَهُمْ مِنْ خَوْفٍ (٤)

Mit dem Namen Allahs, des Erbarmers, des Barmherzigen. (1) Für das Zusammenhalten der Quraysch, (2) für ihr Zusammenleben bei den Karawanenreisen im Winter und im Sommer (3) sollen sie dem Herrn dieses Hauses dienen, (4) Der ihnen zu essen gegeben hat, sodass sie nicht zu hungern brauchen und Der ihnen Sicherheit gewährt hat, sodass sie sich nicht zu fürchten brauchen.

Die Sure *El-Ma'un*:

بسم الله الرحمن الرحيم

أَرَأَيْتَ الَّذِي يُكَذِّبُ بِالدِّينِ (١) فَذَلِكَ الَّذِي يَدُعُّ الْيَتِيمَ (٢) وَلَا يَحُضُّ عَلَى طَعَامِ الْمِسْكِينِ (٣) فَوَيْلٌ لِلْمُصَلِّينَ (٤) الَّذِينَ هُمْ عَنْ صَلَاتِهِمْ سَاهُونَ (٥) الَّذِينَ هُمْ يُرَاءُونَ (٦) وَيَمْنَعُونَ الْمَاعُونَ (٧)

Mit dem Namen Allahs, des Erbarmers, des Barmherzigen. (1) Hast du den gesehen, der die Abrechnung [am Jüngsten Tag] leugnet? (2) Das ist derselbe, der die Waise wegstößt. (3) Und nicht zur Speisung des Armen antreibt. (4) Wehe nun den Betenden, (5) jenen, die nicht auf ihr Gebet achten, (6) jenen, die nur [bei ihren Handlungen] gesehen werden wollen (7) und die Unterstützung verweigern.

Die Sure *El-Kewther*:

بسم الله الرحمن الرحيم

إِنَّا أَعْطَيْنَاكَ الْكَوْثَرَ (١) فَصَلِّ لِرَبِّكَ وَانْحَرْ (٢) إِنَّ شَانِئَكَ هُوَ الْأَبْتَرُ (٣)

Mit dem Namen Allahs, des Erbarmers, des Barmherzigen. (1) Wahrlich haben Wir dir [Muhammed] den Kewther [dies ist entweder ein Brunnen, aus dem die Gläubigen am Tage der Auferstehung trinken werden, oder viele Güter im Diesseits und im Jenseits, wie die Gesandtschaft und das Fürspracherecht] gegeben; (2) So bete zu deinem Herrn und schlachte Opfetiere. (3) Fürwahr, der dich hasst, ist es, der [vom Segen der Nachkommenschaft] abgeschnitten sein soll.

Die Sure *El-Kafirun*:

بسم الله الرحمن الرحيم

قُلْ يَا أَيُّهَا الْكَافِرُونَ (١) لَا أَعْبُدُ مَا تَعْبُدُونَ (٢) وَلَا أَنْتُمْ عَابِدُونَ مَا أَعْبُدُ (٣)
وَلَا أَنَا عَابِدٌ مَا عَبَدْتُمْ (٤) وَلَا أَنْتُمْ عَابِدُونَ مَا أَعْبُدُ (٥) لَكُمْ دِينُكُمْ وَلِيَ دِينِ (٦)

Mit dem Namen Allahs, des Erbarmers, des Barmherzigen.

Sprich [o Muhammed]: «O ihr Ungläubigen! (2) Ich diene nicht denen, denen ihr dient [d.h.: Ich bete nicht die Götzen an, die ihr anbetet]. (3) Noch dient ihr Dem, Dem ich diene [d.h.: Noch betet ihr Allah an, Den ich anbete]. (4) Und ich werde kein Diener derer sein, denen ihr gedient habt [d.h.: Und ich werde niemals die Götzen anbeten, die ihr angebetet habt]. (5) Und ihr werdet nicht Diener Dessen sein, Dem ich diene [d.h.: Und ihr werdet eh nicht Allah anbeten, Den ich anbete]. (6) Euch eure Religion, und mir meine Religion.»

Die Sure *En-Nasr*:

بسم الله الرحمن الرحيم

إِذَا جَاءَ نَصْرُ اللَّهِ وَالْفَتْحُ (١) وَرَأَيْتَ النَّاسَ يَدْخُلُونَ فِي دِينِ اللَّهِ أَفْوَاجًا (٢)
فَسَبِّحْ بِحَمْدِ رَبِّكَ وَاسْتَغْفِرْهُ إِنَّهُ كَانَ تَوَّابًا (٣)

Mit dem Namen Allahs, des Erbarmers, des Barmherzigen. (1) Wenn Allahs Hilfe kommt und der Sieg (2) und du siehst, dass die Menschen in Scharen in die Religion Allahs eintreten, (3) dann lobpreise deinen Herrn und bitte Ihn um Vergebung. Wahrlich, Er vergibt dem, der sich (Ihm) in Reue zuwendet.

Die Sure *Et-Tebbet*:

بسم الله الرحمن الرحيم

تَبَّتْ يَدَا أَبِي لَهَبٍ وَتَبَّ (١) مَا أَغْنَى عَنْهُ مَالُهُ وَمَا كَسَبَ (٢) سَيَصْلَى نَارًا
ذَاتَ لَهَبٍ (٣) وَامْرَأَتُهُ حَمَّالَةَ الْحَطَبِ (٤) فِي جِيدِهَا حَبْلٌ مِنْ مَسَدٍ (٥)

Mit dem Namen Allahs, des Erbarmers, des Barmherzigen.

(1) Zugrunde gehen sollen die Hände Ebu Lehebs, und (auch er selbst) soll zugrunde gehen! (2) Was nützen ihm sein Besitz und das, was er erworben hat? (3) Er wird dereinst in einem lodernden Feuer brennen. (4) Ebenso seine Frau, die (elende) Brennholzträgerin. (5) Um ihren Hals wird ein Strick aus Palmfasern sein.

Die Sure *El-Ikhlas*:

بسم الله الرحمن الرحيم

قُلْ هُوَ اللَّهُ أَحَدٌ (١) اللَّهُ الصَّمَدُ (٢) لَمْ يَلِدْ وَلَمْ يُولَدْ (٣) وَلَمْ يَكُنْ لَهُ كُفُوًا أَحَدٌ (٤)

Mit dem Namen Allahs, des Erbarmers, des Barmherzigen. (1) Sprich: «Er ist Allah, der Einzige; (2) Allah, der Absolute [d.h. der Unabhängige, von Dem alles abhängt und Der von nichts abhängt]. (3) Er zeugt nicht und wurde nicht gezeugt. (4) Und keiner ist Ihm gleich.»

Die Sure *El-Felaq*:

بسم الله الرحمن الرحيم

قُلْ أَعُوذُ بِرَبِّ الْفَلَقِ (١) مِنْ شَرِّ مَا خَلَقَ (٢) وَمِنْ شَرِّ غَاسِقٍ إِذَا وَقَبَ (٣) وَمِنْ شَرِّ النَّفَّاثَاتِ فِي الْعُقَدِ (٤) وَمِنْ شَرِّ حَاسِدٍ إِذَا حَسَدَ (٥)

Mit dem Namen Allahs, des Erbarmers, des Barmherzigen. (1) Sprich: «Ich nehme meine Zuflucht beim Herrn der Morgendämmerung, (2) vor dem Übel dessen, was Er erschaffen hat (3) und vor dem Übel der hereinbrechenden Nacht (4) und vor dem Übel der auf die Knoten blasenden

Magierinnen. (5) Und vor dem Übel des Neiders, wenn er neidet.»

Die Sure *En-Nas:*

بسم الله الرحمن الرحيم

قُلْ أَعُوذُ بِرَبِّ النَّاسِ (١) مَلِكِ النَّاسِ (٢) إِلَهِ النَّاسِ (٣) مِنْ شَرِّ الْوَسْوَاسِ الْخَنَّاسِ (٤) الَّذِي يُوَسْوِسُ فِي صُدُورِ النَّاسِ (٥) مِنَ الْجِنَّةِ وَالنَّاسِ (٦)

Mit dem Namen Allahs, des Erbarmers, des Barmherzigen. (1) Sprich: «Ich suche meine Zuflucht beim Herrn der Menschen, (2) Dem König der Menschen, (3) Dem Gott der Menschen, (4) vor dem Übel des einflüsternden Teufels [der dem Menschen einflüstert, wenn dieser unachtsam ist und sich zurückzieht, sobald dieser Allahs gedenkt]. (5) Der da einflüstert in die Herzen der Menschen, (6) [Sei dieser Teufel nun] einer von den Dschinnen oder einer der Menschen.»

Der Thronvers *(Ayetul Kursi):*[92]

اللَّهُ لَا إِلَهَ إِلَّا هُوَ الْحَيُّ الْقَيُّومُ, لَا تَأْخُذُهُ سِنَةٌ وَلَا نَوْمٌ, لَهُ مَا فِي السَّمَاوَاتِ وَمَا فِي الْأَرْضِ, مَنْ ذَا الَّذِي يَشْفَعُ عِنْدَهُ إِلَّا بِإِذْنِهِ, يَعْلَمُ مَا بَيْنَ أَيْدِيهِمْ وَمَا خَلْفَهُمْ, وَلَا يُحِيطُونَ بِشَيْءٍ مِنْ عِلْمِهِ إِلَّا بِمَا شَاءَ, وَسِعَ كُرْسِيُّهُ السَّمَاوَاتِ وَالْأَرْضَ, وَلَا يَئُودُهُ حِفْظُهُمَا, وَهُوَ الْعَلِيُّ الْعَظِيمُ.

Mit dem Namen Allahs, des Erbarmers, des Barmherzigen. Allah, es gibt keine Gottheit außer Ihm, dem Lebendigen, dem Beständigen! Ihn ergreift weder Schlummer noch

92 2. Sure El-Baqarah, Vers 255.

Schlaf. Sein ist, was in den Himmeln und auf Erden ist. Wer ist es, der da Fürsprache bei Ihm einlegt ohne Seine Erlaubnis? Er weiß, was vor ihnen liegt und was hinter ihnen liegt [d.h. Er kennt die Vergangenheit, die Gegenwart und die Zukunft]. Doch sie begreifen nichts von Seinem Wissen, außer das, was Er will. Sein Thron umfasst die Himmel und die Erde. Und es belastet Ihn nicht, beide zu bewahren. Und Er ist der Erhabene, der Mächtige.

Die Sure *Esch-Scherh*:

أَلَمْ نَشْرَحْ لَكَ صَدْرَكَ (١) وَوَضَعْنَا عَنْكَ وِزْرَكَ (٢) الَّذِي أَنْقَضَ ظَهْرَكَ (٣)
وَرَفَعْنَا لَكَ ذِكْرَكَ (٤) فَإِنَّ مَعَ الْعُسْرِ يُسْرًا (٥) إِنَّ مَعَ الْعُسْرِ يُسْرًا (٦) فَإِذَا
فَرَغْتَ فَانْصَبْ (٧) وَإِلَى رَبِّكَ فَارْغَبْ (٨

Mit dem Namen Allahs, des Erbarmers, des Barmherzigen. (1) Haben Wir dir nicht deine Brust geweitet (2) und dir deine Last abgenommen, (3) die dir so schwer auf dem Rücken lastete (4) und haben Wir (nicht) dein Ansehen erhöht? (5) Doch wahrlich geht mit jeder Schwierigkeit Erleichterung einher, (6) wahrlich (sendet Allah) zu jeder Schwierigkeit (die entsprechende) Erleichterung. (7) Wenn du also [mit der Beschäftigung mit irdischen Dingen] fertig bist, dann bemühe dich weiter [im Ibadeh] (8) und wende dich ganz deinem Herrn zu.

Die letzten Verse von Sure *El-Baqarah, Amenerrasulu:*[93]

آمَنَ الرَّسُولُ بِمَا أُنْزِلَ إِلَيْهِ مِنْ رَبِّهِ وَالْمُؤْمِنُونَ كُلٌّ آمَنَ بِاللَّهِ وَمَلَائِكَتِهِ وَكُتُبِهِ

93 2. Sure El-Baqarah, Verse 285 und 286.

وَرُسُلِهِ لَا نُفَرِّقُ بَيْنَ أَحَدٍ مِنْ رُسُلِهِ وَقَالُوا سَمِعْنَا وَأَطَعْنَا غُفْرَانَكَ رَبَّنَا وَإِلَيْكَ الْمَصِيرُ
(٢٨٥) لَا يُكَلِّفُ اللَّهُ نَفْسًا إِلَّا وُسْعَهَا لَهَا مَا كَسَبَتْ وَعَلَيْهَا مَا اكْتَسَبَتْ رَبَّنَا لَا
تُؤَاخِذْنَا إِنْ نَسِينَا أَوْ أَخْطَأْنَا رَبَّنَا وَلَا تَحْمِلْ عَلَيْنَا إِصْرًا كَمَا حَمَلْتَهُ عَلَى الَّذِينَ مِنْ
قَبْلِنَا رَبَّنَا وَلَا تُحَمِّلْنَا مَا لَا طَاقَةَ لَنَا بِهِ وَاعْفُ عَنَّا وَاغْفِرْ لَنَا وَارْحَمْنَا أَنْتَ مَوْلَانَا
فَانْصُرْنَا عَلَى الْقَوْمِ الْكَافِرِينَ (٢٨٦)

Mit dem Namen Allahs, des Erbarmers, des Barmherzigen. (285) Der Gesandte glaubt an das, was zu ihm von seinem Herrn herabgesandt wurde, und ebenso die Gläubigen. Alle glaubten an Allah, Seine Engel, Seine Bücher und Seine Gesandten [und die Gläubigen bezeugen dies, indem sie sagen] „Wir machen keinen Unterschied zwischen Seinen Gesandten". Und sie sprechen: „Wir hören und gehorchen und (erbitten) Deine Vergebung, unser Herr, nur zu Dir ist die Rückkehr!" (286) Allah legt niemandem (etwas) über sein Vermögen auf. Jedem wird das zuteil, was er verdient hat, und über jeden kommt das, was er verschuldet hat. Unser Herr! Bestrafe uns nicht wenn wir vergessen oder Fehler machen! Unser Herr! Bürde uns keine Last auf, wie Du sie denen vor uns aufgebürdet hast! Unser Herr! Lass uns nicht tragen, wozu unsere Kraft nicht ausreicht, und vergib uns, und verzeih uns, und erbarme Dich unser! Du bist unser Beschützer, so hilf uns gegen das Volk der Ungläubigen."

Die letzten beiden Verse der Sure *El-Haschr*[94]:

بسم الله الرحمن الرحيم

هُوَ اللَّهُ الَّذِي لَا إِلَهَ إِلَّا هُوَ الْمَلِكُ الْقُدُّوسُ السَّلَامُ الْمُؤْمِنُ الْمُهَيْمِنُ الْعَزِيزُ الْجَبَّارُ
الْمُتَكَبِّرُ سُبْحَانَ اللَّهِ عَمَّا يُشْرِكُونَ (٢٣) هُوَ اللَّهُ الْخَالِقُ الْبَارِئُ الْمُصَوِّرُ لَهُ الْأَسْمَاءُ

94 59. Sure El-Haschr Verse 23 und 24.

الْحُسْنَى يُسَبِّحُ لَهُ مَا فِي السَّمَاوَاتِ وَالْأَرْضِ وَهُوَ الْعَزِيزُ الْحَكِيمُ (٢٤)

Mit dem Namen Allahs, des Erbarmers, des Barmherzigen. (23) Er ist Allah, außer Dem es keinen Gott gibt. Der Herrscher, der Heilige, der Unversehrte, der Glaubwürdige, der Bewacher, der Siegreiche, der Gewaltige, der Hoheitsvolle. Erhaben ist Allah über dass, was sie (Ihm) beigesellen. (24) Er ist Allah. Der Schöpfer, der Erschaffer, der Gestalter. Sein sind die schönsten Namen. Ihn preist, was in den Himmeln und auf Erden ist. Und Er ist der Sichdurchsetzende, der Weise.